思偕境·文进时

——王宏印学术论文自选集

王宏印 著

Thinking and Writing with the Times:

Selected Essays of Wang Hongyin

高等教育出版社·北京

内容简介

本书精选王宏印教授10篇翻译学论文，包括文学翻译、比较文学、世界文学、翻译批评、典籍翻译、民族典籍翻译、翻译学方法论、跨文化传播学等论题。作者力求通过跨学科的研究打破文化学与文本研究、民族学与典籍翻译研究、翻译学与传播研究、哲学思辨与实证研究等领域间的界限，入选文章视野宏阔、细节精彩、可读性强，表现出鲜明的学术个性和优雅的文风。

总　序

27年前，在吕叔湘、柳无忌等前贤的关心和支持下，中国英汉语比较研究会获得民政部和教育部批准成立。经过几代人的不懈努力，如今，研究会规模不断扩大，旗下二级机构已达29家，其发展有生机勃勃之态势。研究会始终保持初心，秉持优良传统，不断创造和发展优良的研究会文化。这个研究会文化的基本内涵是：

崇尚与鼓励科学创新、刻苦钻研、严谨治学、实事求是、谦虚谨慎、相互切磋、取长补短，杜绝与反对急功近利、浮躁草率、粗制滥造、弄虚作假、骄傲自大、沽名钓誉、拉帮结派。

放眼当今外语界，学术生态受到严重污染。唯数量、唯"名刊"、唯项目，这些犹如一座座大山，压得中青年学者透不过气来。学术有山头，却缺少学派，这是一个不争的事实。在学术研究方面，理论创新不够，研究方法阙如，写作风气不正，作品细读不够，急功近利靡然成风，这一切导致草率之文、学术垃圾比比皆是，触目惊心，严重影响和危害了中国的学术生态环境，成为阻挡中国学术走向世界的障碍。如何在中国外语界、对外汉语教学界树立一面旗帜，倡导一种优良的风气，从而引导中青年学者认真探索、严谨治学，这些想法促成了我们出版"英华学者文库"。

"英华学者文库"的作者是一群虔诚的"麦田里的守望者"。他们在自己的领域里，几十年默默耕耘，淡泊处世，不计名利，为的是追求真知，寻得内心的澄明。文库的每本文集都收入作者以往发表过的10余篇文章，凝聚了学者一生之学术精华。为了便于阅读，每本文集都会分为几个相对独立的部分，每个部分都附有导言，以方便读者追寻作者的学术足迹，了解作者的心路历程。

我们希望所有收入的文章既有理论建构，又有透彻的分析；史料与语料并重，让文本充满思想的光芒，让读者感受语言文化的厚重。

我们整理出版"英华学者文库"的宗旨是：提升学术，铸造精品，以学彰德，以德惠学。我们希望文库能在时下一阵阵喧嚣与躁动中，注入学术的淡定和自信。"随风潜入夜，润物细无声"，我们的欣慰莫过于此。

我们衷心感谢高等教育出版社为本文库所做的努力。前10本即将付梓，后20本也将陆续推出。谨以此文库献礼中国共产党建党100周年！

中国英汉语比较研究会会长　罗选民

2021年秋

自 序

午后，阳光灿烂照西窗。我打开电脑和手稿，临窗写作，不觉浮想联翩。人生度过了青壮年时代，不觉渐渐步入老迈之年，如同风和日暖的初冬，正可翻检平生所学，取精华而醅之：

绿蚁新醅酒，红泥小火炉；

晚来天欲雪，能饮一杯无？

白居易的诗句，契合了我此时此刻的心境。

回顾自己的学术道路和教学生涯，产生转折性变动的还是在20世纪与21世纪之交，我离开古城西安，走进津沽的南开大学，带了翻译专业的博士生。从此，不仅学术视野扩大，研究水平提高，而且从事的研究也更为专深，成果不断出现，至今笔耕不辍，思路毫无枯竭之感，兴趣仍不减当年。

我的第一篇重要的学术文章，源自应邀参加杨自检先生在青岛召开的"全国翻译学科建设研讨会"时使用的一个发言提纲。我提出从研究中国传统的翻译理论开始，逐渐进入世界翻译学的广泛视野的基本思路和研究策略，得到众多与会者的关注和首肯。会后，经过整理，该文发表在《中国翻译》上。后来，经过一段时间的努力，我完成并出版了专著《中国传统译论经典诠释——从道安到傅雷》，这也是我给南开大学的典籍翻译专业博士生授课使用的第一部教材。我的第二个研究领域是文学翻译批评。我撰写的《文学翻译批评论稿》一书，适时出版后，也用作南开大学典籍翻译专业博士生的教材。这两部书同时引起海内外的关注，不少学校都在使用，可以说产生了较好的影响。这是适应翻译教学和博士培养的需要所进行的学术研究和课程改革成果。

早在留美回国之后，离开西安之前，我的研究就经历了一个从哲学社会科学（包括心理学、语言学）向文学和比较文学转变的过程。这和陕西是比较文学先驱吴宓教授的故乡，以及在全国率先成立的陕西比较文学学会一直受到李赋宁、乐黛云等老一辈学者的特别关照有关。这里收录的《吴宓〈红楼梦〉研究论纲》就是这个影响与转变的产物。但我对于比较文学的研究方法和学科基础颇有怀疑，想走进世界文学的广阔视野，无拘无束地做学问，所以我在上海举行的世界翻译大会上的发言以及后来的专著中都指向了世界文学的宏伟构想。这种方法和思路实际上源于我在国外学习的两门课程——跨文化心理学和跨文化传通学。在将新学科引入国内的时候，受到康德思想的影响，我为跨文化传通学找到了现象学及形象学作为哲学基础，并建立了一个细密的交际模式。其表述形式是在每一个新领域出一本书和写一篇文章。需要指出的是，跨文化传通学远不是人们认为的那样，只是人类行为层面上的可观察性研究，而是将人们对于传统哲学家个人的沉思引入现代社会的交际行为和对话行为中，从而建立了"交际主体间性"这样的哲学概念，并和哈贝马斯的"交往理论"产生了深刻的内在关联。

一旦走向现当代哲学的最前沿，举目所见便是通透的本体与现象界，体用不再有碍。这种既属于跨文化研究又涉足新学科的专深研究的兴趣，引导我后来比较容易地实现了第三个学术思想的转变，那就是进入民族学和中华民族典籍翻译以及国外汉学与国学研究的最新思路。在中华民族典籍研究与翻译的广阔领域，我继承了陈寅恪先生本土研究与边疆研究，或汉族典籍与民族典籍、外来典籍相互印证的基本方法，发现了民族文化及其典籍传播的"四大落差"，以及中国诸民族总体而言由北向南的运动轨迹及新近趋势。在民族典籍翻译研究领域，南开大学博士点已成为全国典籍翻译研究的重镇。从《蒙古秘史》《福乐智慧》到《突厥语大辞典》的翻译研究，我提出了一系列新的理论概念，如"古本复原""再生母本"等。在国外传播方面，我在对《京华烟云》等译品的研究中，提出"异语写作""无本回译"等重要理论，并将其应用于实际研究中。

总体而言，收在这个集子里的，都是我进入南开大学以后所写的文章。如今看来，有些比较成熟，有些还有修改的余地。书的内容和主题还是有一定价值的，涉及不同的学科领域，有的和传统译论有关，有的和典籍翻译有关，有的和治学方法有关，有的则和个人某一阶段的研究兴趣和题目有关。它们都是我个人的学术心血，出于真情实感，也出于对翻译学学科建设和人文社科发展的责任，具有个人思想探索的性质。如果这些文章能够反映自己在学术研究上走过的道路，那也值得记取；如果能对读者有所启发，甚或引起一定的讨论和批评，那也正是作者所期望的。

近来在《中国翻译》上看到两篇青年学者和自己争论、商榷的学术文章，事关学术观点和学风建设，我感触良多。迄今已经写好文章予以回应，希望能够延续这场学术的论争。须知学术就是学问，不断学习，不断讨论，才能有进步。真理不会停留在一个地方止步不前，只有与时俱进才是正确的发展道路。

一个人的学术研究和发展道路，不是纯粹的个人行为，也有时代的、团体的影响在。中国英汉语比较研究会，是我长期参加学术活动的重要学术组织。对研究会，我一直感到亲切而敬仰，因为这是全国外语界的一级研究会，有悠久的历史和良好的传统。我曾在其中工作过，也为其发展做出过努力，不少人和事，对我的成长和进步起了重要的促进作用。同时，我也看到一批又一批年轻学者在研究会的培养下茁壮成长，取得了可喜的进步。我们以研究会为学术研究的家园，有一种团体精神，也有一种归属感。可能正由于此，研究会一直没有忘记我这样一个老兵，在计划出版"英华学者文库"的时候让我名列其中，我很感动，也很感激，决心把这个文集做好。也多亏了弟子王晓农和彭利元等的帮助，这个论文集才能够及时、完整地交给出版社。我在欣慰之余，也要表示感谢。

论文集的书名用词，原来是用了"思与境偕，文以时进"，由于字数限制，改为"思偕境·文进时"，也许动词的活用，可以增强力度。

王宏印

2019年11月15日

目　录

第一部分

译学建设与翻译批评

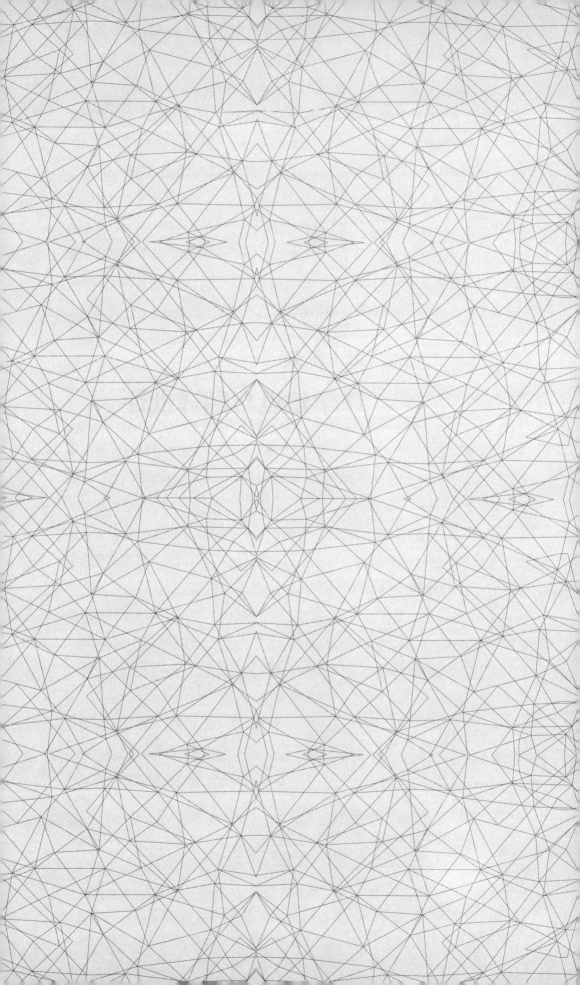

导　言

　　本部分包括三篇文章。首篇《中国传统译论经典的现代诠释——作为建立翻译学的一种努力》论译学建设，率先提出从中国传统译论入手进入建设中国特色翻译学的道路，然后再寻求建立普遍翻译学的总体方案。该文发表于《中国翻译》，在当时产生了重大影响。后来笔者出版了《中国传统译论经典诠释——从道安到傅雷》一书，是对这一初步构想的完整实现。这本书曾得到罗新璋先生的首肯，先生亲笔写信给予很高评价，四川大学博士生导师朱徽教授也写了书评加以肯定，可见传统译论是一个重要的研究领域。南开大学的博士们沿着这一思路发表了一系列文章，扩展了这一领域的研究成果。后来，南京大学张柏然等教授也开始关注传统译论，并指导博士进入这一领域，取得了一定的成果。香港的张佩瑶教授在翻译和研究中国传统译论方面，另辟蹊径，功不可没，对该书的研究思路和方法有所继承。近来，这本书出了修订版，并纳入国家社科基金"中华学术外译"项目，在美国出版英文版，引起了更大反响。

不过，传统译论研究的新动向也不免令人担忧。基本上存在两种倾向：一种是按照西学框架或中国哲学范畴加以概念化的解释，这种倾向因为缺乏对相关原始资料的考证和对中国翻译史的扎实研究，难以进入翻译理论本身的论题，因而浮于表面；另一种是重新钻入故纸堆，查阅和注释文献（特别是佛经翻译序跋等文献），将其依附佛经文本加以评论式的解释，或者重新提出分期或分类，缺乏研究思路上的突破。其实，这个领域需要的是以西学或现代学理的评判精神，重新审视中国传统译论，同时发掘中国传统译论的巨大潜力和价值，可惜学界对此关注甚少。笔者提出，民族的翻译理论概念先于现代西方翻译概念。忽视国内研究成果而盯着西方翻译理论做学问的风气，以及缺乏现代学理观而简单地回到传统文献中进行文本注释的做法，都是值得警惕的。归根结底，这样就很难按照科学发现的逻辑和追求真理的态度推进学术发展。笔者一直没有放弃对普遍翻译学建设的研究，但愿能够按照拟好的提纲完成西方翻译理论的研究专著，使得二者的相互关系进一步显现出来。

第二篇文章《研究与批评——关于文学翻译批评的方法论考察》开宗明义，旨在区分科学研究与文学批评的概念和方法，以便为两个学科打好学科分类和研究方法的认知基础。在学界有两种认识倾向：一种是搞研究的看不起搞批评的，认为只有他们是在做扎实的、有根有据的科学研究，其结论和成果可以拿得出来，方法和过程也可以讲得明白。而文学批评或评论依附于创作本身，只是个人有感而发，时过境迁，或失去效力，不足为凭。另一种是搞文学批评的看不起搞研究的，他们之中有些人对自然科学的研究方法不熟悉，甚至对纯粹的理论不感冒，主观上认为别人不进入文本，是泛泛而谈，而自己则热衷于按照传统的方法评论，发表即兴的、缺乏严格考据和严密论证的文章，为后人所诟病。

基于笔者对译学建设知识储备的基本估计，第三篇文章《文化的分层概念与文学翻译批评基础》再论翻译批评，依据自然科学的实证研究方法和人文学科的解释学方法，提出研究与批评的概念区分和方法分野，避免二者相互混淆，旨在确定文学翻译批评的主体地位，同时加强理科方面的知识和研究基础，以避免学术上的重大缺陷。其主要内容，是就自然科学的实证研究和人文学科的解释学原理，提出几条公设，逐条加以分析和批判，以显示其不同的运作方式和功能效应，并就本体论、认识论、价值观等方面给予必要的说明。我以这个论题在武汉大学、暨南大学等学校做过巡回演讲，受到热烈的欢迎并收到良好的反馈意见。而这篇文章，如今仍然有重读的必要。

最后一篇，关于文化分层理论的提出，主要是文化转向以来，针对世界范围内的泛文化思潮，提出文明概念进入具体学科领域的思想，但也不是每个学科都有一种文化，那样就没有文化可言了。因为文化本身就是跨学科的，也是跨文化的。本文的另一个目的，是想为翻译学科寻找认识基础和方法论基础，所以不承认有一种普遍可以使用的文化概念，可以供任何一个研究者采用，或者构成任何一个学科的既定的、一成不变的文化模式，而是认为文化是可知的，可以分析的，并且把文化作为最大语境和大前提，使之不断逼近下属学科概念的小前提（中间有好几个小前提），最后才是结论。总之，该文旨在避免泛文化的弊端，使文化真正进入学科领域并发挥作用。

这一篇文章的写法，是借鉴哲学思维的思辨方式，进行概念划分、内涵界定和关系上的逻辑推论，最后达到对一门学科的认识，主要利用形式与内容的两分法，分别对一组关联密切的概念，即文化、文学、语言、文本、翻译采用分层逼近的方法进行界定。所谓的文化分层即包含作为文明单元的文化、作为文学内容的文化、作为语言信息的文化以及作为翻译对象的文化。这样依次界定和推论下来，翻译的三重性质或三对矛盾就昭然若揭了，这就是翻译活动所包含的文化悖论、文学悖论、翻译悖论，即所谓的"创造性背叛"，我认为应当去除受创作影响的目的论因素，在逻辑上即可称为"创造性悖谬"。本文的指向虽然是翻译活动本身，但其最终指向因为涉及文学翻译这一特殊的活动，所以还是指向文学翻译批评的，并为其提供文化意义上的认识论基础。这篇文章至今仍然十分重要，所以收集于此，以飨读者。

一 中国传统译论经典的现代诠释
——作为建立翻译学的一种努力[1]

1. 引言

关于建立翻译学的讨论，以及为此目的而进行的各种理论和实践的努力的背后，或明或暗地存在着两种翻译学的概念。一种是普遍的、科学的翻译学，即不分国别和语种的翻译学；另一种是不那么科学的、具体的翻译学，它可以按照不同的语种和国别而冠名，如"中国翻译学"或者"有中国特色的翻译学"（陈福康，1992：482）等。承认这一基本的认识上的分野，就意味着两种说法各有道理，有并存的必要。第一种观点认为：既然翻译学是一门科学，科学又是研究普遍的、必然的知识体系的，那么，翻译学就不应该区分国别和语种，也不应该强调各语种的特点或某一国家的学术传统和理论特色，而应该是普遍适用的基本原理。第二种观点认为：这种普遍的、科学的翻译学固然很好，但迄今为止并没有实现，也许永远不可能实现，而我们要做的就是根据汉语的特点和汉外互译的特点做一些描写性的、对策性的、语际对比性的理论研究工作，以此为翻译学的建设做一点贡献。

为了使讨论能够尽早进入正题，避免在细节问题上纠缠不清，或者在概念上兜圈子，笔者假定存在着上述两种意义上的翻译学，它们至少是作为观念形

1　原载《中国翻译》2002年第2期，8—10页，作者王宏印、刘士聪。

态而存在着的。笔者认为，理想的翻译学（作为一门科学）理应是普遍适用的，是具有终极目标性质的纯理论体系。然而，翻译学还具有浓厚的人文社会科学的综合性质，一如包括中国历代文学作品及其文艺学、美学理论在内的中国文艺学或中国美学。当前，我们不妨从和汉语有关的事情做起，从中国自己的学术传统和译学、译事基础做起，考虑建立中国翻译学的基本条件问题，作为向着建立普遍翻译学这一终极目标所做的一种努力。

在这个意义上，中国传统的翻译理论（以下简称传统译论）就自然成为我们关注的焦点问题。这里的认识基础包括下列命题：

（1）翻译学在本质上应当是理论的，即便这种理论包含与实践相关的各种关系，比如对以往的翻译活动作出正确的理论说明，或者为今后的翻译实践提供必要的指导原则。

（2）在中国现代译论建立以前，我们只能在传统译论中寻找它的理论源泉，并把形成中的中国现代译论视为中国传统译论的一个合乎历史和合乎逻辑的发展。

（3）这种发展不可能是由传统译论自然而然地进入现代译论，而应当做一番人为的转换或转化工作。为了实现这个转化，目前最需要做的就是对中国传统译论进行现代诠释。在一些局部的、有限的诠释工作的基础上，我们要做的是一种系统的重新诠释。因为我们相信，成功而有效的现代诠释会促进中国现代译论的诞生乃至于中国翻译学的建立，从而为普遍翻译学的建立提供必要的理论准备。

为此，本文提出三项基本任务：

（1）关于中国传统译论的理论划界：界定、分期；

（2）关于中国传统译论的基本认识：特点、缺陷；

（3）关于中国传统译论的现代诠释：方法、限度。

2. 关于中国传统译论的理论划界

何谓中国传统译论？这一基本的理论问题首先需要一个简明的界定。我们尝试性的界定是：凡是在中国现代译论产生以前，在中国学术领域内产生的关于翻译的一切理论，都属于广义的中国传统译论。但是，这一极为简单的界定需要几点说明：

（1）典型的中国传统译论，乃是以中国传统文学、美学、文章学、文艺学、语言学为理论基础和基本方法而形成的翻译理论。

（2）传统译论并不起自中国翻译史上最早的翻译实践，也不结束于社会学史意义上的现代或当代，其时间划界应以译论本身的逻辑演进为根据。

（3）尽管中国传统译论受到外来文化的影响，如佛经和西学的治学方法的影响，但这些影响并未改变其传统的翻译理论形态和性质。

（4）中国传统译论是一种在翻译论题上、研究方法上、表述方式上，以及理论特质和精神旨趣上都表现出浓厚的传统国学味道的译论。

由此，我们可以把中国传统译论的发展划分为以下几个阶段，并以此为基础，简要地描述一下中国传统译论的若干特点：

（1）肇始阶段（佛经序翻译理论）：以佛经翻译实践为依托，以译经序言为主要形态，是关于佛经翻译的初步的理论感觉。其中最重要的译论包括：道安的"五失本，三不易"、彦琮的"八备"、玄奘的"五不翻"，以及赞宁的"六例"。涉及本体论、主体论、文本论、方法论等问题，但语焉不详，难成系统。

（2）古典阶段（正名论翻译理论）：借鉴中国传统修辞写作理论和西方语言学理论，试图建立中国译论的基本思路。其中最重要的理论包括严复的"信、达、雅"三字诀，章士钊和胡以鲁关于音译、意译的争论。主要围绕翻译标准和译名问题进行深入讨论，理论化和操作化倾向均较前为甚，有制订翻译规则之企图。

（3）玄思阶段（哲学化翻译理论）：以哲学原理介入翻译理论研究，或者把翻译问题哲学化，力求建立翻译的哲学基础。其中最重要的理论包括：贺麟关于翻译可能性的论证、金岳霖关于"译意"和"译味"的分界观。主要围绕可译性问题进行玄思，但哲学思辨味道太浓，未能完全转化为翻译学本身的理论问题。

（4）直觉阶段（文艺学翻译理论）：以回归中国传统文艺学的直觉思维方

法为理论源泉和思维特征，借鉴语源学资料并关注语言问题，名义上试图融合东西之学，实际上回归国学根本，讨论意境问题、形神问题、风格问题。最重要的理论包括：钱钟书的"化境"说、傅雷的"神似"说等。围绕翻译转换问题，把标准和方法融为一体，侧重于文学翻译本质论的讨论。

需要说明的是，以上只是对中国传统译论的大体勾勒，并不是完整的中国传统译论的发展演变的历史总结。笔者并无涵盖全部翻译理论的企图，只是选择其中最具有代表性和原创性的理论加以评说。

3. 关于中国传统译论的基本认识

那么，中国传统译论有哪些基本的特征呢？或者说，它有哪些可以归结到中国文化特点中去的人文精神呢？中华民族是一个具有丰富的人文传统的民族。多源头、多民族、多语言的中华文明，在经过了先秦时期诸子百家的激烈争鸣以后，归入了秦汉大一统的政治格局。思想领域的特点则是中国土生土长的道教和儒家思想的互补，以及由印度传入的佛教的中国化。祖先崇拜、伦理政治、"诗品文心"融为一体，构成中国人际交往和跨文化交往的大背景。中国传统译论的人文精神便奠基于这样一种具有东方文化特点的人文教化传统之上。中国传统译论的人文精神可以归结为以下五个方面：

（1）以道德为本位，强调译者的道德修养和以敬业从业为本的主体性意识。西方的翻译理论把翻译视为一种技术性工作，而中国传统译论强调译者全身心地投入翻译活动的敬业精神。这在彦琮所说的翻译人才所需条件的"八备"（罗新璋，1984：46）中是居于首位的，对于每一个译者来说则应当是始终坚守的。

（2）服务公众和社会的群体本位思想。因为中国文化的非宗教化和世俗化倾向，中国的翻译始终是面向大众的而不是面向少数教徒的，即便是佛经的翻译也有此倾向。这一点不同于西方翻译史上《圣经》被反复翻译的情况，也没有产生相信译者为神所共同感召的奇迹般的翻译实践和翻译理论。

（3）人文主义的语言观而不是科学主义的语言观，始终是中国传统翻译的潜在的理论导向。由于缺乏高度发达的形式化的语言理论和语法理论，古汉语甚至现代汉语一直处于人文主义的语言观的观照之下。缺乏分析哲学的条分缕析和演绎规则的操作化程序和训练，使得中国传统译论在精神实质和表述方式上都比较模糊而随意。

（4）人文社科类文本作为主要文本翻译的类型，在材料内容、语言类型和思维方式上都倾向于文学翻译的艺术性，而不是科学翻译的科学性。久而久之，翻译家和翻译理论家都把翻译看作一种艺术活动而不是科学研究的对象。这不仅影响到中国传统译论的基本观点，而且影响到传统译论的表述方式和理论形态。

（5）哲学的而非科学的、美学的而非宗教的，是中国传统译论的理论基础。简约的而非繁丰的、定性的而非定量的，是中国传统译论的研究方法和表述特点。多解的而非单一的、含混的而非明晰的，是中国传统译论的文体特征和思维导向。音义之分、言意之辨、形神之似，便成为中国传统译论长期关注和争论不息的核心话题。

中国传统译论的人文精神也暴露出它在理论上的诸多缺陷和匮乏。从今日建立现代翻译理论的要求的高度来看，这些缺点就不是一般的说说而已，而是十分值得重视的理论问题了。兹总结如下，以供参考：

（1）理论意识不强：也就是说，理论与实践之间的距离拉得不够大。表现之一是许多发表理论见解的人本身是翻译家，而不是翻译理论家。他们的译论是议论式的而不是理论式的，谈论的是翻译的情况而不是对翻译的理论设定。基于个人直接经验进行分析者多，进行抽象理论思辨者少；内省式的、直觉式的知识多，演绎式的、论证式的理论展开少。结果，无法形成有效的理论，只能写出文笔优美的学术散文和夹叙夹议的序跋小品。

（2）基本范畴缺乏：建立理论体系需要陈述若干基本的理论范畴，以及这些范畴之间的联系。传统译论多借用中国传统哲学和文艺学的术语，而对这些术语又不做必要的界定和说明，这就使得某一理论家与其他理论家之间、译学与其他学科之间，在思想上缺乏必要的划界和限定，语义流变不居，理论难以深入和展开。结果，无法形成不同的译论学派，只能终止于个人意见的交流和有限的创新。

（3）学术基础薄弱：学术基础的薄弱是中国传统文化的基本缺陷，其根本原因是自然科学不发达、演绎思维不发达、形式逻辑不发达、形式语法不发达，一句话，缺乏西学的治学传统和现代科学的创新精神。具体体现为：学术规范不严谨，无著作权和版权体系；实践理性为其主要思维导向，不能彻底追问形而上的终极问题；社会组织形式发生周期性破坏和激变，学术传统和文明成果难以延续和继承等。

明白了中国传统译论的人文精神的要点及其主要的理论缺陷，并不等于就已经继承了它的优良传统和消除了它的理论缺陷。我们要做的主要工作就是对传统译论进行认真的梳理，从中发现若干有重大理论价值的论述，再从现代翻译理论的高度对相关论述进行具有现代精神的理论阐释。这样做的最终目的是建立现代译论。然而，就目前能够做到的程度来看，充其量只是为建立现代译论做些铺垫性的准备工作。

4. 关于中国传统译论的现代诠释

关于中国传统译论的现代诠释，我们认为至少应当包括以下三个方面或三个层次的理论任务。

第一，清理中国传统译论的问题。

一定的理论体系反映人们对某一学科领域的总体的、基本的认识水平。从现代译论所要求的高度来看，中国传统译论的理论问题比较少，因为当时人们的理论意识比较薄弱。这表现在诸多方面，例如：一篇文章混杂多个理论问题，往往哪个也没有说透彻；开口就说翻译难，把本来是理性思考的对象变成了抱怨的对象。通过初步清理，我们发现存在以下比较有价值的问题：

（1）质派、文派，或直译、意译问题；

（2）直译、重译问题；

（3）音译、意译问题；

（4）译意、译味问题；

（5）神似、形似问题；

（6）翻译标准问题；

（7）可译性问题；

（8）境界问题；

（9）语言问题；

（10）译者问题。

根据现代译论的总体问题重新归纳，可以将这些问题转换为下列问题：

（1）本体论问题；

（2）方法论问题；

（3）认识论问题；

（4）标准或原则问题；

（5）主体性问题；

（6）可译性问题。

比较缺乏或严重缺乏的译论问题包括：

（1）翻译过程问题；

（2）效果评价问题；

（3）文体对应问题；

（4）语义转换问题；

（5）翻译批评问题。

第二，阐释中国传统译论的意义。

一般说来，中国传统译论有问题不纯、不清或不够透彻的缺陷，对一些问题的讨论如蜻蜓点水，一带而过。但是，也有些讨论相当深入、丰富。因此，我们的基本任务就是在正确定位、抓住要点、适当集中的基础上，将一些理论问题适度展开、适度深入、适度升华。为了充分发掘一种理论的价值，除了沿着本来的思路向前行进之外，还要左顾右盼、瞻前顾后，对其加以改造、充实、提高，使其初步具有一个翻译理论的形态和规模，以便在此理论空间内进行意义的发挥和阐释。意义的阐释可以采用以下思路：

（1）沿着作者原有思路顺藤摸瓜，继续前进，深入挖掘有关的思想；

（2）将相关的概念和思想适当推演，形成小理论；

（3）将有关论题和其他相关论题进行比较和联系，从而产生较大的理论系统；

（4）对这一理论系统进行诠释，包括对本体的、认识的、方法的以及理论家个人的和社会历史的多因素的综合考察，以便形成包括外部条件在内的意义系统。

（5）对这一译论系统做出翻译理论的、一般理论的、文化渊源的解释和说明，并对其社会的、实践的、学术的价值进行总体评价。

第三，转换中国传统译论的形态。

理论形态的转换十分复杂又至关重要。它是传统译论向现代译论转化的关键步骤，也是对传统译论进行现代阐释的最终归宿。以下三个方面的转换是必不可少的：

（1）论题转换：论题转换就是把中国传统译论中不明确或不适当的问题，转换为现代译论所需要或要求的论题，从中发掘或开拓出有意义的内容。例如，道安的"五失本，三不易"（罗新璋，1984：24），应将其作为现代译论的翻译本体论论题来对待，否则就会错失这一重大的理论源泉。论题的成功转换，要注意排除翻译理论界或整个学术界的成见，从"纯理论"的高度发现和落实转换。

（2）概念转换：概念转换并不是语言问题，而是基本的思维形态的转换问题。运用现代译论概念来替换中国传统译论概念的时候，要抓住本质的、核心的词语进行转换，而不能拘泥于个别字句的原有意义。在缺乏基本的核心词语作为理论依托的时候，可以考虑从整体意思中抽取出一个核心意思，然后进行现代理论的命名。在对一系列相关概念进行转换的时候，要严格进行分类。

（3）形态转换：理论形态的转换比较困难，彻底的转换几乎不可能，除非原有的理论问题明确而且论述近乎完备。理论形态转换的实质不仅是表述方式和行文的转换，而且是现代理论意识和时代精神的注入。理论形态的转换任务因原有理论与现代译论的差距和角度错位而不同。例如：贺麟对于翻译不可能论的驳斥属于可译性问题，但其对可译性的正面论述则很少而且无力，故而这一部分的阐释的主要任务是将哲学问题翻译学科化；而钱钟书的"化境"说则是对传统文艺学概念的创造性转化，缺乏现代理论的演绎系统，故而应补足这一部分的逻辑环节。

中国传统译论的现代诠释是一项长期而艰巨的理论任务，需要多方面的准备和长时间的研究。笔者对其中可能会出现的问题估计如下：

（1）由于传统译论的范围的局限、人所占资料的局限，以及选择趋向的局限，目前所论述的问题范围不可能达到现代译论所要求的周延的理想状态，挂一漏万和选择失当都有可能。

（2）由于传统译论本身的理论深度和范围所限，或者由于阐释者本人的能力所限，甚至由于这种阐释的方法本身所限，阐释的不平衡不可避免：有些可能阐释过度，有些则可能阐释不足。

（3）由于传统译论的话语系统和现代译论的话语系统之间存在较大差距，有些阐释的篇章会出现讨论的问题与文体不协调的状况。只要没有太大的影响，即不影响理论思路和行文的流畅，笔者并不会有意识地去消除这些差距。笔者相信，这一工作虽然是尝试性的，但对中国现代译论的产生仍会有积极的推动作用，并且可为普遍翻译学的理论架构的最终完成增添一砖一瓦。

参考文献

- 陈福康. 中国译学理论史稿[M]. 上海：上海外语教育出版社，1992.
- 罗新璋. 翻译论集[M]. 北京：商务印书馆，1984.

二　研究与批评
——关于文学翻译批评的
方法论考察[2]

1．引言

关于翻译批评方法的讨论，是翻译批评讨论的重要组成部分，其中涉及两个大的问题。一个是对翻译批评方法论本身的讨论，抑或认为根本没有一种实体意义上的方法论可言。另一个是对翻译批评的具体的基本方法的讨论，以及这些方法在应用时有无需要遵循的一些可以确定的原则。显然，一种基本的方法论与对一系列基本的原则问题的考察，可以构成具体的翻译批评方法问题的基础。因此，本文的讨论，便是寻找这样一种可以帮助我们构成文学翻译批评方法基础的东西。

2．是否存在一种现成的方法论？

在谈论翻译批评方法的时候，人们习惯于首先讲到方法论，然后才谈到具体的翻译批评方法。实际上，假如不加思考地这样做，就有把问题弄复杂的可能。其逻辑前提是：在具体的翻译批评方法之上一定还存在着一个统辖一切翻

2　原载罗选民主编《国际译联第四届亚洲翻译家论坛论文集》（北京：外文出版社，2005年），358—366页。

译批评方法的总方法，在懂得这个总方法以前似乎就无从进行任何具体的翻译批评了。其实，这是受哲学思维影响太深导致的。试想一下，如果任何一门学科都有自己的方法论，甚至像翻译批评这样一个实践性、鉴赏性很强的实证研究活动都有一套不同凡响的方法论，那么，就得承认在逻辑上存在着许多各不相同的方法论——实际上也就没有任何有实际意义的方法论了。

这样说并不是要否定翻译批评方法论，也不是认为这一问题根本就没有讨论或研究的必要，而是不认为存在一种所谓的实体意义上的方法论——它已经现成地存在或存放在那里，只要谁找到或得到它就会一劳永逸地解决一切问题。具体而言，这样提出问题，也是为了避免采用哲学化、概念化的方法来讨论方法论问题，例如，把生动活泼的翻译批评方法归结为所谓"放之四海而皆准"的方法。也就是说，讨论方法论要以一些有意义的问题为出发点，或者要提出一些值得辨析的概念并以此为讨论的基础。否则，一旦陷入僵化的思路，就会流于无聊的空话了。

3. 关于"科学"研究之方法论考察

假若翻译批评也是一种研究，那么，它应当是一种什么样的研究？或者说，它和一般所谓的研究又有什么不同？假如说翻译批评要用到人文的理解与解释的方法，那么，它应当如何使用这样的一些方法？作为一种思考，文学翻译批评是研究还是解释？二者之间是相互排斥的、对立的关系，还是互补的、融合的关系？这里先引用佛克马和蚁布思二位教授（1996）在北京大学的系列演讲中提出的比较明确的概念和主张作为讨论问题的基点。

首先，让我们看一下乐黛云教授在二位的讲演录《文学研究与文化参与》（1996）一书的序言中讲的两段话。他们在全部讲课中极力贯注的一条思路就是详细剖析"研究"（research）和"阐释"（interpretation）的区分与统一。在他们看来，"研究"主要源于自然科学研究方法，强调"收集材料——提出假设——验证假说——给出解释（explanation）"，是一种较为严格的客观化操作程序；落实到文学研究中，就是所谓经验主义的文学研究（empirical study of literature）。而"阐释"这一概念则属于阐释学传统。作为自然科学研究中的"解释"的对立面，"阐释"不承认文学理解活动的纯粹客观性，它强调带着"前见"的主体在意义产生（即理解）的过程中所发生的能动作用，并以此作为人文科学与自然科学相区分的本体论证明。他们认为带着"前见"的阐释一直贯穿在文学研究和文学阅读的整个漫长历史中（佛克马，蚁布思，1996：1）。

文中的研究方法，实际上指的是自然科学的研究方法，例如，观察、实验、统计、假设等方法。它强调的是研究方法的客观性、研究过程的可重复性、研究结果的可验证性等普遍特征。其中的"经验主义"，实际上是有实证研究基础的实证研究（empirical study），而不是和理论信念相对立的经验主义（experientialism）。但是，自然科学的研究方法，即严格意义上的科学研究方法，也是有其明显的缺陷的。这是因为研究所处理的是现实的一小部分，它所提供的不过是一些假设，不能生成价值判断，例如我们不知道宇宙前进的目标是什么。也就是说，所谓纯粹的科学方法具有下列缺陷：

（1）它的研究抽样只是世界的一小部分，不能描绘世界的总体图景。

（2）它的研究结论只能是一些假设的验证，即只能获得暂时的真理。

（3）它的研究的结论，随着手段和条件的改变会被推翻，即被证伪。

（4）它只能发现规律，而不能提供价值判断，即无法说明其有用性。

（5）它不能解决世界统一性和目的性的问题，不能解决人生意义问题。

第一条缺陷的产生是由于样本的大小难以把握。小了不能说明问题，但即便是最大的样本，也不可能和世界一样大小。关于整个世界的认识由此缺失。而在科学无能为力的地方，哲学便来寻求世界的整合途径，换言之，研究人类知识的总体组织状况很有必要。

假设是研究的核心，它体现思想。没有假设的研究，就没有灵魂，因为它无法体现研究者虚拟的活动空间。而假设，实际上是对事物联系的可能性预测。但是，假设在任何时候都是对两个变量之间的单方面联系的预测，无法体现事物之间复杂的关系。这种复杂的关系，在不同的研究中，只可能被揭示出不同的侧面。关于一切事物的联系的认识，是不可能实现的。

研究条件的暂时性和研究手段的有限性，是一切科学的研究局限。在研究手段和条件发生变化的时候，研究的结论就受到挑战。因此，可重复性永远都是同样条件下的可重复性，可验证性永远都是在手段和环境可完全复制时才有可能。这样就意味着一切科学的进步都是不必要的了，而进步则始终意味着过去的结论被证伪或失效。

即便具体的科学研究有固定的对象，取得了有条件的或暂时有效的结论，它也无法提供价值判断。一切科学研究，即使可以发现规律，甚至说明规律起作用的条件，也无法说明它对于人的利害关系，以及人对这些规律的应用性的认识。何况科学研究一贯标榜价值中立，宣称它能超越研究者的个人好恶，以便获得纯粹而客观的知识。而这样的知识，恰恰不能为自身提供用途或用途上的说明。

因此，科学的研究既不能解决世界本身的统一性问题，也不能回答人为何要认识世界和自身的问题。那么，关于世界的目的性和人类生存的目的性（意义），便要用哲学和宗教来进行"非科学"的探讨和说明了。

4. 关于阐释学之方法论考察

人文科学的研究方法主要是阐释学的方法，与自然科学的研究方法有很大差异。在这方面，德国解释学先驱狄尔泰有一些重要的认识和经典的说法。他把人文科学定义为思想过程转化为文本的物化，而科学的对象则是自然现象。阐释学学者通过借助一种叫作"理解"的移情式的感受力应该可以接触到诗人或作家的思想特质。他以一种指认的方式再现了字词的意义，因而在主客体之间形成了一种本质上的一致或"本体论上的同一"（转引自佛克马，蚁布思，1996：20）。

这样一些基本认识包含着一些重要问题，需要在这里点明：

（1）思想转化为文本仍然是思想，这是一个由思想到思想的生成过程。

（2）移情式的感受作为理解的机制，建立在人类共性和可理解性的基础上。

（3）语言在人文科学研究过程中的重要作用是自然科学方法所无可比拟的。

（4）人文科学的主客体之间的本体论的同一，或本质上的一致性，较之自然科学尤甚。

然而，这些仍然是有待进一步考察和落实的理论命题。以下简要陈述之：

（1）由思想到思想的过程，尽管是生成性（generativity）的，但是，仍然有一个根本的来源问题无法回答，即思想和世界的关系问题被篡改为人和人的关系问题，或者说世界的本相通过人的认识——即接触他人的认识——才能接触到实质。

（2）移情式的感悟仍然采用推己及人的逻辑。在这一方面，人与人的差别显得不再重要，而人与人的主体间性的沟通性（communicativity）则应加以强调。也就是说，在假定人类本性和领悟能力及传达能力共通的时候，忽略了人与人的差距，最终可能导致相互不理解。

（3）语言诚然是人的主要的认识、思维和表达的工具，但是语言的问题在于：在认识的表述上，语言必须将一切问题简约化和抽象化；而在语言是一个公共工具的意义上，语言倾向于将一切认识差别抹平（leveling up）。

（4）主客体之间的统一性、同一性，也许是一个虚假的、乐观的断言。因为这意味着，人对世界的认识是无限的和不受阻碍的，而在讲到社会认识的时候，它的偏差可能更大——假如我们考虑到认识者本人也是某一社会群体的成员，其必然带有某些群体性和个人性先见的话，人对社会和人生的认识就未必比对自然的认识来得更容易、准确、可靠。

当然，当我们试图把第一条和最后一条串接起来的时候，我们就会发现一个有趣的现象：无论是在认识论上还是在本体论上，以上陈述都是一个不能自圆其说的循环。照此可知，人文科学，作为"精神科学"——像狄尔泰本人所宣称的那样——实际上是一个自言自语的独白的世界。

> "理解"这种使之言之成理的活动是一个个人移情的过程。尽管阐释学家倾向于把它称为"对话式的"，但它在本质上却具有一种独白式的特点。所谓"与本文的对话"是一个比喻的说法，因为本文完全不会说话，而从作者和读者一般并不拥有相

同的时空参数这一意义上来说，交往的情境是分离性的。这种不对称交往的后果就是，接受者——在没有经过说话者/作者同意的情况下——对别人言辞的理解只由他自己一个人负责（转引自佛克马，蚁布思，1996：21）。

与理解相比，解释或阐释具有更为重要的作用，无论是对自然科学还是对人文科学来说都是如此。解释属于边缘性活动，它可能会提供一些信息，但是并非文学批评的最终目的。这样，阐释就不再是人文科学唯一能做的事情，而且它自身的局限也很明显。情况是这样：即便在严格的自然科学研究中，特别是在研究的过程开始以前和研究结果出来以后，都需要某种形式的阐释和评价活动。同样，即便是在文学批评中，也需要必要的论证和逻辑推演，甚至可以采用问卷调查和统计学上的分析方法。这样，科学的研究方法和人文的阐释方法，就不再是截然对立的两种研究或批评方法，而是可以相互借鉴，在完成一个具体任务的过程中融合为一的研究方法。照此看来，在概念上区分研究与批评是必要的，前者是实证主义的，而后者是言之成理的，各具研究领域和主要用途。但是，研究与批评之间并不存在何者更高或更好的问题，二者可以相互结合、整合为一。

5. 关于文学翻译批评的原则性认定

在对方法论传统进行考察的基础上，我们认识到，既然科学的和人文的研究，在方法论前提下，各自具有先天的局限，同时也有一些优势，那么，寻求某种形态的结合是有可能的。在这里，我们提出一些尝试性的方法论命题，以便容纳具有综合性质的文学翻译批评的若干向度，并就有关内容略作说明：

（1）文学翻译批评研究的合目的性与合规律性的结合：合目的性具有人文定向的社会向善性质，而合规律性则反映科学研究发现的客观性。二者的结合形态无非是说，翻译批评中的规律不是现成的客观规律的发现或发明，而是具有研究者目的指向的认知过程在起作用，也即在终极评判的意义上，所谓的规律性可以带有价值评判的意义，而翻译作品的人文价值评判本身，甚至也可以通过认识过程的规律性的解释来实现或展示出来。

（2）文学翻译批评在方法上的阐释性与论证性的结合：阐释性是对现象的理解和解释，具有语言运作的性质和特点，而论证性是逻辑推论的合理化过程，显示命题推演的运行轨迹。两种思维方式都是必要的，不过在有些时候，一种思维方式比另一种显得更重要。二者的结合意味着：在文学翻译批评中不存在纯理论的即"为理论而理论"的论证，而是论证过程必然含有意义阐释和有助于理解翻译和文学现象的认知机能。

（3）文学翻译批评的个案性与其普遍性、启发性的结合：历史学家经常为个案不能具有普遍性而头痛，心理学家则很难进入有意义的个案研究。如果说文学翻译批评的个案应当具有普遍意义，那就要通过对具有典型意义的具体事例的深入理解而达到具有普遍启发意义的认识。但是，缺乏普遍原理性认识的个案，其意义十分有限，而推论也要尽量避免过度概括。在这个意义上，一切批评都是阐释和说明，而有无洞见是至关重要的。

（4）文学翻译批评的审美个性与社会认识价值的结合：审美个性既可以指向评论者的审美特点，也可以指向作品的美学价值，其实二者是统一在批评者的活动之中的，即统一在审美的发现性认识之中的。由于这种审美要导向高级的研究活动，因此，审美判断要转化为认知判断才能最后完成。但这并不是说，理性高于感性，甚至真高于美，而是指批评者个人的审美经验和主观判断最终要转化为社会可接受的公共财富，成为新的评价性认识的经验起点和知识资源。

（5）文学翻译批评的独立批判性与文化参与功能的结合：独立的判断当然隐藏着批评者独立的精神和人格力量，体现着自由意志和自由创造精神。文学翻译批评正是以批评者的个人名义介入翻译的文化参与过程，从而推动实现其文化参与功能的，一如作者在原语文化中那样。而文学翻译批评在译入语中的文化功能，则是文学翻译本身的交流与传播功能的完成和完全实现的标志之一。缺乏独立评判精神的文学翻译批评，是无力完成其积极的文化参与功能的。

6. 结语

当然，以上原理性和提纲性申述，实际上并不意味着文学翻译批评方法论的建立，同时也没有涉及具体的翻译批评方法及其应用问题。实际上，我们也并没有尝试那样做。迄今为止，我们能说的是：在文学翻译批评中，虽然人文科学、自然科学的各种具体的研究方法在原则上可以单独使用，但实际上，综合人文科学与自然科学各种方法的综合性批评研究也是很常见的。甚至可以说，在具体的翻译评论中，任何一种方法都不可能单独而有效地使用，而是必然体现为某一方法与其他方法的某种形态或程度的结合。研究人员可以同时细读翻译文本和进行比较研究，兼顾量化分析和定性研究，评价其价值并做出历史的、时代的，或社会的、文化的解释和说明。最后，可以借助模型建构方法给出框架，然后以语言文字进行叙述和扩展，最终完成一篇像样的文学翻译批评文章。如果说，方法和概念的掌握有赖于理论上的理解，那么实际运用要达到既定的效果，皆在于融会贯通后自由地加以结合了。在应用之前，在制订具体的文学翻译批评的计划和实施某项计划之前，考察文学翻译批评的方法论，阐述文学翻译本身的批评性质的原理性和原则性，是必不可少的。

参考文献

- 佛克马，蚁布思. 文学研究与文化参与[M]. 俞国强，译. 北京：北京大学出版社，1996.

三　文化的分层概念与
文学翻译批评基础[3]

1. 引言

文化转向以来，翻译研究总是谈文化，但是，真正的文化问题却没有被纳入翻译研究的各个层次，没有得到专业性的探究。这里，笔者把文化作为一个基本概念进行分层分析，让它进入到文学翻译批评的相关层次，作为理解的不同层面和转换的内在机制加以考虑。首先必须说明，文化问题不是作为一个和语言平行的单独因素被提出的，而是在一个更大的文学翻译背景下，作为关键的基本概念被提出的。

我们的基本认识如下：

首先，在一个学术制高点上，必须在文化的最大语境背景下讨论文章学翻译本身的问题，舍此不能从根本上观照文化问题；

其次，文化概念是可分析的和可认识的，把文化看作铁板一块或庞然大物不可认识的观点，是糊涂的、于译事无益的；

最后，即便是在翻译过程中涉及文化问题的时候，也要将文化分为不同的层面和不同的含义，只有这样，才能进入到翻译的精微部分。

3　原载胡庚申主编《转向与拓展：首届海峡两岸翻译与跨文化交流研讨会论文集》（上海：上海外语教育出版社，2007年），110—114页。

在方法论上，这些层面虽然具有相对可分的性质，但考虑到人类的一切创造都可归于文化，仍然有把语言、文学、文化等相关概念一起包含在一个最大的文化框架之中的可能。因此，就文学翻译评论而言的文化可以具有多个层面和含义。

2. 作为文明单元的文化

文化作为文明单元，也就是文明本身。这是按照人类学概念和汤因比在《历史研究》（2010）中的分类界定的，也就是以文化划分人类社会的历史单位（例如，希腊文化、印度文化、中国文化）。在这里，文化或文明概念，基本上是一个实体概念而不是关系，它相当于一般所谓的国家、民族和社会概念的总和，但又不是单独的任一概念本身所能包含的。我们用文化而不是其他概念，主要是考虑到"文化"是一个更加稳定的、带有传统意义的组织社会的方式，而"国家"偏于政治，"民族"偏于种系，社会偏于现状。在这个意义上，"文化"是三者的结合，是有历史传统的民族的社会生活方式和价值信念系统的总和。可见，翻译作为跨文化的语言交际活动的一种特殊方式，其从一种文化进入另一种文化的交流本质，是不言而喻的。

由此可以推论出的认识如下：

（1）虽然有文化与文明并存的情况，但我们认为这种语词并存并非真正意义上的意义并存。文化和文明在这里应当是一个意思、一个概念，即都是实体概念。

（2）在相对可以区分的意义上，文化（或文明）概念只具有相对的性质，即任何文化都是自身的存在和人的隐喻。在文化关系的意义上，文明之间没有高低贵贱之分，但有发达与不发达之别。

（3）正是在这种意义上，我们提出翻译是一种跨文化的交际行为或过程，因为任何涉及人类总体的认识，在性质上都必然是跨文化的，而当今世界的许多事物，都必然会涉及这样的跨文化活动或研究。

3. 作为文学内容的文化

如果把文学作为语言艺术，则艺术性的语言就是文学的媒体或中介，而文化则成为某一民族文学的内容，而且往往以所用的语言来称谓，例如英语文学、华语文学。当然这里的"文学"是包括了某一群体的社会生活和人的精神生活的方方面面的，例如所谓的"美国精神"。这里的关系，也就是大体上相当于索绪尔（1980）符号学的能指（signifier）和所指（signified）的概念的区分和联系，即语言是能指（language as signifier），文化是所指（culture as signified），文学则是用语言符号表现社会生活和人的精神生活的艺术形态。这里不仅可以看到文学表现社会生活的本质特征，而且可以解释文学和其他意识形态（例如法律、政治、宗教、艺术等）之间的相互联系。

以下是我们对与文化有关的文学的认识：

（1）文学的基本内容，应当包含本民族甚至相邻相关各民族的社会生活的一切方面、一切内容——物质的或精神的，集体的或个人的——由此构成文学反映现实的最广阔的领域和最深奥的意义。

（2）文学的分类和命名，从文化、跨文化和比较文化的角度来看，主要依据应当是文本所书写的语言（也就是说不以作者的国籍为根据），也可以包括口头语言（无论是方言还是标准语）。当然，不排除同时用两种语言传达和书写的情况。

（3）从符号学的角度来看，文学是所指，语言是能指，而能指和所指之间的错位，构成翻译的一切奥秘中最大的奥秘。能指的区分是语言的，而所指的区分则是文化的，由此构成一切语言交际（包括文学和文化交流）的需要和根据。

4. 作为语言信息的文化

语言是人类文明的巨大成果之一，是具有工具性质的文明创造。语言作为文化，不仅指语言是人类创造的思维工具、表达媒介和精致的精神产品，而且说明语言本身承载了丰富的本民族的社会生活和精神状态的文化信息（cultural message）。这是语言这种特殊的思维表达工具所具有的内容方面的意义（significance），而语言的形式方面则是指它单纯地指代客观事物和抽象概念（意义）的符号（sign）形式层面了。认识到这一点，不仅对认识语言的意义特别重要，而且对认识文学的本质也很重要。因为文学不仅是用语言表现社会生活的特殊形式（指它区别于其他艺术形式，例如音乐、绘画、雕塑），而且这种工具本身（指语言）就带有本文化的遗传因子，且不说文学样式（指文类作为艺术形式）在民族化的意义上更是一种具有遗传作用的文化形式和信息载体了。

关于语言在文学和翻译中的核心作用，我们可以有以下认识：

（1）语言的形式意义属于语言学的研究范围，如语言类型性和形态学的研究，而其纯形式的意义，如性、数、格、位等语法概念，之所以对文学创作至关重要，是因为文学的微妙之处体现在语言形式意义的利用上。诗歌形式和语言内部意义的形式利用皆是如此。

（2）语言本身所带有的文化因素（意义或内容）不是语言表达的具体内容，而是语言纯形式以外的意义信息，或者说是语言的隐喻功能的体现。例如，汉语中的"青"作为颜色词所具有的文化象征意义，并不是它具体所指的意义（即上文所谓的能指）。

（3）文学对于上述两种意义的利用越成功，则文学的创造价值就越大。由此构成纯文学概念的基础。就其本质而言，翻译与之类似，只不过翻译在跨语言的交流和转换中，要付出的代价会更大，因而给人的启发也应当更大些。

5．作为文本意义的文化

如果把文学样式叫作形式，文学作品中传达的思想感情叫作内容，那么，文学作品就是以适当的文学样式（literature form）表达适当的文学内容（literature content），这就是文本（text）的意义（包含文本的内容与形式及其结合态，例如诗歌）。文本因而是以一定的语言形式按照一定的文本样式编制而成的表达一定思想感情（内容）的艺术作品（王宏印，2006：95-96）。这个界定的意义，进一步而言，在文本镶嵌入文学史和含有其他文本的意义上，已经使文学文本带有互文性含义了。文本作为翻译的对象和评论的客体，看来是不会有异议的了。而文本的意义（significance in text），即剥离开语言意义和文类意义（significance in genres）而后所剩下的意义，就是作者的意图（author's intention），即其直接要表达的，反映社会生活和精神状态的意义。其典型性和代表性，必定是这个社会中最具有独特性的文化意义了。而翻译要翻译的，恰好就是这一层意义，就是文化独特的（culture-specific）意义了。

结合到文本、文化与互文性的研究，我们的基本观点如下：

（1）文本的文类意义，在于它是一个框架性的存在，但并不是纯形式，而是有一定意味的文学的或文化的形式。与之相关的肌理，应当是构成具体文本的文学意义的、偏于内容的写作机制，即让文本真正得以形成和完成的机制。

（2）以文化为文本意义是一切文学的共同点，但文化必须转化成某种可感的、可以表达的文学内容，才能被纳入文学文本，进行适当的表达或表现。在这一方面，翻译中的损失是必然的，因此要区分何谓一般的文化，何谓这里所要表达的具体的内容，即作者意图。

（3）在文学史上，互文性意味着文学的传统和继承关系（题材与体裁），而在翻译史上，互文性意味着文化交流、翻译传统与翻译的继承惯性（词语与技巧）。在具体的文本翻译中，互文性所起的作用，较之原文和原语文化要小一些，也就是说，有些互文性要是消失掉也无妨。

6. 作为翻译对象的文化

不难想象，作为翻译对象，文化就是区别于语言形式和文本样式的文化内容或文学内容。如果说原语言中的文化遗传因素无法翻译，文学文本的民族样式不具有普遍意义因而也无法翻译的话，那么剩下的一定要翻译的东西就是原语文本中要直接传达的意义了。但是，这一部分语言意义与文本意义又无法从原语中被彻底地剥离出来，清除出去。甚至可以说，彻底地清除出去以后的抽象的非文化意义（non-cultural meaning），实际上不可能存在，即便存在，也是非文学的意义（non-literature meaning）了。因为文学翻译本身，在很多时候，就是要竭力保持原作的文本样式和语言中所包含的文化意义，舍此则译作的文学价值就要大打折扣了。可见，作为翻译对象的文化，实际上同时包含了文化的语言意义（language-specific meaning）、文本样式意义（genres-textual meaning）和文学作品意义（intended literature meaning）。在这个意义上，我们强调文学翻译者和文学翻译评论家要有很强的语言能力、良好的文学素养和完备的文化知识，而且三者缺一不可。

由于上文陈述的种种矛盾，在翻译中文本要传达的文学意义和语言带有的文化意义交织在一起，构成翻译的文化悖论、文学悖论和翻译自身的悖论。其相关观点可以表述如下：

（1）文化悖论：要传达文化意义，但又有不能传达的文化意义。舍去了特殊的文化意义，就很难传达普遍的文化意义；而摄取了特殊的文化意义，往往又有碍于传达普遍的文化意义。

（2）文学悖论：文学的真正矛盾在于，不仅不能直接地表现理想和现实，而且不能简单地表现意义或意图，也就是说，文学在很多时候，是以象征的、隐喻的形式表现主题和主体状态的，而不是明说出来、直露出来的。语言的意义在于它的妙用，在于它能够艺术性地、含蓄地表现某种事物、人物、情绪或思想。

（3）翻译悖论：翻译的真正悖论在于意义的传达——由于文化和文学方面的差异、语言和主体方面的差异，意义难以传达。翻译的基本矛盾在于它必须在两种语言、两种文学和两种文化传统之间进行调和，使双方都比较满意，而事实上往往又都难以满意。这就是所谓的翻译悖论，名曰"创造性悖谬"，也就是说，越是有创造性的译文，离原文就越远，而离理想的译文就越近。

参考文献

- 金岳霖. 知识论 [M]. 北京：商务印书馆，2000.
- 索绪尔. 普通语言学教程 [M]. 高名凯，译. 北京：商务印书馆，1980.
- 汤因比. 历史研究 [M]. 郭小凌，王皖强，译. 上海：上海人民出版社，2010.
- 王宏印. 文学翻译批评论稿 [M]. 上海：上海外语教育出版社，2006.

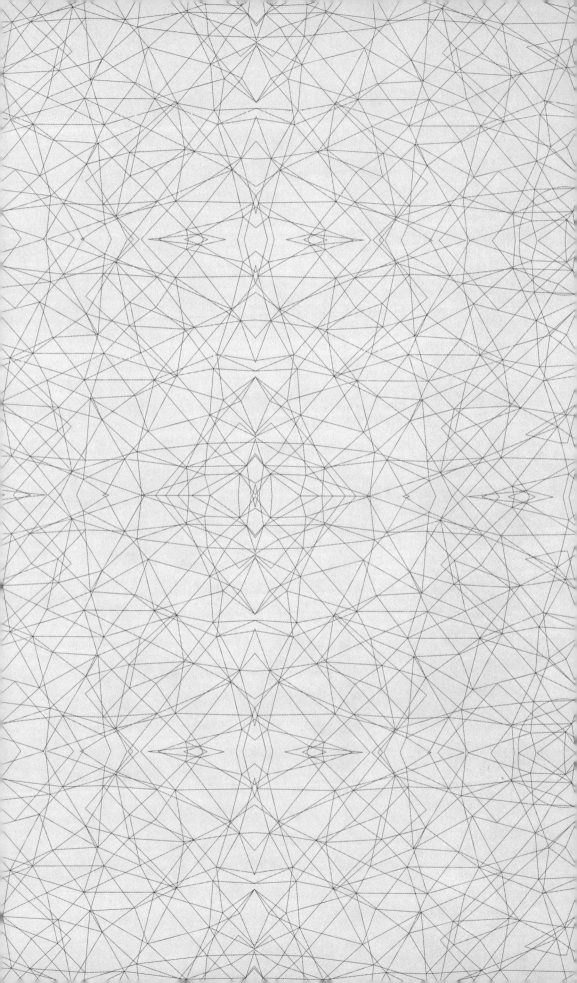

第二部分

比较文学与跨文化传通

导　言

　　这一部分收录了三篇文章。首篇从比较文学讲到世界文学，中间加入了民族文学和典籍翻译的中介，使两端顺利衔接和过渡，以免从理论到理论做逻辑推演。中间一篇是吴宓论《红楼梦》，是一个比较文学的个案研究，但因涉及的比较文学的学科背景十分重要，故重刊于此。最后一篇提出的跨文化传通模式，是建立全球视野下的人类命运共同体的必由之路，也是将世界文学研究向世界文明研究展开的新兴学科探索，具有学科前沿的性质。

　　为了论述的方便，导言从第二篇《吴宓〈红楼梦〉研究论纲》开始。吴宓是陕西泾阳人，早年留学哈佛大学，师从新人文主义学者白璧德，研究比较文化并进入比较文学领域。回国后，由于持中西文化各有其优势的观点，在"五四"时期被视为保守派，但对比较文学的引进，吴宓功不可没，或可被视为中国比较文学奠基人。可能因为他在清华大学讲学时没有专门的比较文学教材，仅有"文学与人生"讲义，所以他在该专业领域的影响力受到一定限制。现在国内出版的比较文学方面的书籍甚至连吴宓的名字也不提了。

这里仅以吴宓的《红楼梦》研究作为比较文学的一个范例。吴宓将《红楼梦》与西方文学作品《神曲》《浮士德》等进行对比研究。吴宓讲到了《红楼梦》小说人物的二重性，并在中国古典文学内部将《红楼梦》与其他作品相比较，如《水浒传》《三国演义》等。可见吴宓的比较文学观具有国内国际双重视野。而如今的比较文学，只在国别文学之间进行，失去了一个维度，实为憾事。吴宓的比较，实际上是一种隐性的比较，他只是提出了比较的思路，而没有像现在的比较文学那样，进行直接的、平行的比较。若联想到王国维的《"红楼梦"评论》，也是借助叔本华哲学进行对《红楼梦》本身的研究，则可知民国时期的大学者，多数采用以本国文学为对象的研究视野和写作方式，所以，出现这种情况就不奇怪了。本部分选取这篇文章，不过是作为比较文学的一个导引，便于说明这个学科在中国的开端和有关的发展罢了。

第一篇文章《超越比较文学，走向世界文学》，直接论述从比较文学进入世界文学的新思路。文章从文学翻译进入翻译文学，然后提出将外国文学的译入和民族文学的译出作为两条平行发展的道路，作为进入世界文学的途径。这个思路包含两个重要观点：首先，突破了译介学的单线思路。将外国文学译介进入本国文学领域看成天经地义的、自然发生的过程，难免使译者的身份和作品的认同之间发生矛盾和偏差。其深层原因是民族本位思维方式。

引入本民族文学对外翻译的思路，将二者平行平等看待，就会进入一种换位思考和国际视野，进入世界文学的广阔领域。这样一来，世界文学本身也不再是一些固定的、先入为主的外国文学作家作品集，例如莎士比亚剧作、但丁诗歌《神曲》和巴尔扎克小说《人间喜剧》这些了。这样，中国古典名著《红楼梦》也可以跻身其中，与众星共闪烁，且相互辉耀，世界文学就变成一个动态图景了。

其次，通过翻译，让国别文学中的优秀作品通过一种深层的、直接的接触，进入世界文学。如果说迄今为止，比较文学还局限于影响研究、平行研究、模式研究、互释研究的话，那么，通过翻译就可以突破这种有距离的研究，而进入零距离的研究。姑且借用本雅明的观点，假若人类世界各种具体的语言都是碎片，需待一种上帝语言的整合才能成为整体的话，那么，翻译就是必由之路了。[4]翻译旨在表现作品的"光晕"，而表现的方法，便是翻译的方法，乃是如同两个圆环相切而过，在一瞬间迸发火花和灵感，激活两部作品，使其获得新生。

关于世界文学的总体图景和进入途径，笔者提出的下列思路可供参考：

（1）世界文学是全世界所有国别文学或民族文学的全称或总称，由世界各国别文学或民族文学的精华组成，各国别文学和民族文学都有一个走向

4　Benjamin, W. "The Task of the Translator" in *The Translation Studies Reader*, Venuti L (ed.), Zhon H (trans.). London: Routledge, 2000: 15-23.

世界的过程（在多民族国家的文学中，则有一个从民族文学走向国别文学然后再进入世界文学的过程），或者说有一个被世界文学发现和接纳的过程，这一过程本身和文学史上遗产的发现与研究过程并无二致。

（2）世界文学在今天的总体存在从可能变成现实，乃是因为世界上各国别文学或民族文学之间长期的相互影响的普遍性和必然性，而今可能已经达到了使其普遍接触和相互融通的程度。但世界文学的整体性也是世界文学本身研究和发现的结果，而不是先验的哲学论证和假设可以造就的。

（3）西方文学的扩展和接受一直具有相当的优势和推动力。例如，具有世界意义但又不乏西方观念和运作方式的诺贝尔文学奖对当代世界文学新的导向和提升方向产生了很大影响。可以说，诺贝尔文学奖对世界文学的形成是一种激励机制，而世界文学本身既是一种现实又是一种理想。

（4）目前，世界文学仍然依赖各民族语言的写作和双语写作与相应的阅读形式，一种可能的趋势是跨越国界和地区的共同语言写作与阅读的形成。就地域的分布广度而言，英语成为国际语言，相应形成了英语文学世界是不争的事实；（中国以外）散布于世界各地的华语文学，可以与中国汉语文学共同形成一个广泛的华语文学圈，而华语文学对世界各国文学也有相当的借鉴和吸收。

（5）最后，就世界文学的共性主题而言，笔者认为有三点是必须要考虑的：一是在文学中充分表达对共同人性所认识和要求的对人类存在的基本事实的珍视和尊重，以及对各个民族和国家的人民、文化、传统及生存方式的通感理解；二是密切关注人类生存的共同世界的复杂性和人类目前所面临的若干重大问题，例如环境与生存问题，以及为解决这些问题而做出的共同努力；三是对包括不可抗拒的自然力和人力所造成的人类命运以至于宇宙未来的永久性的关切和终极关怀，以及为此而作出的一切有益的物质的与精神的探索和文学表达的努力。在这个意义上，世界文学又是一个发展和变化的概念，是一个不断提高和升华的人类文学状态，甚至是为迎战人类所面临的共同问题所形成的认同性的精神状态。

第三篇文章《跨文化传通的现象学模式释义》涉及跨文化传通学，这是一个新兴学科，20世纪60年代兴起于多民族的移民国家美国。人们有不同的文化背景，讲不同的语言，体态语言也不同，礼仪也不同。其中最重要的是，来自不同文化背景的人们具有不同的世界观和信仰，即价值系统，它在无形中支配着人们的交往方式和习惯。不难理解，文学作品和作者创作的背后也受到不同世界观和信仰的影响，甚至翻译行为也是一样。这就给理解比较文学、翻译文学和世界文学提供了新的学科研究的思路。至于这中间是如何发生变化的，还是一个崭新的研究课题，需要做专门的深入的研究。

笔者在建立这门新学科中的贡献之一，就是为之找到了现象学作为哲学基础，并提供了一个复杂图示，做了详尽的解释。就交际结果而言，在理想的情况下，在交往双方的交汇点上会形成一个共感场，包括人类共性、语言共相和大同世界。这三个层次，分别对应人性论（和文学关系至为密切）、语言认知（和翻译有密不可分的关系）和理想社会（和世界文学的建立有殊途同归之感）。可见，跨文化传通学并不是一门普通的实用性的学科，而是有大学问的。我们甚至可以说，跨文化传通学是人类目前最具代表性和先进性的复杂学科之一，如同翻译学科一样，它反映人类思维和交流的最复杂的状态。我们甚至可以提出这样一个谱系来说明人类知识性质与其活动形态的分阶段的对应关系：（1）孤独的沉思者/传统哲学的玄思形态/无所不知的学者类型/智慧或学问；（2）思考的行动者/近代科学思维的形态/具有专业知识的科学家/分科的知识；（3）交叉的批判者/现代交往理论的形态/跨文化交往理论的批评者/跨文化学者。作为第三阶段或类型的思考成果，该文旨在结合跨文化传通学的建立，探索其哲学基础和基本原理，反映现代和后现代交往社会的价值观和人文精神与世界观，其直接目的则是为比较文学走向世界文学提供更为广泛的学科基础和认识根据。

四　超越比较文学，走向世界文学[5]

1. 引言

本文认为，文学创作是翻译的逻辑起点，而文学翻译是翻译文学的基础，进一步的讨论则涉及由文学翻译向翻译文学的过渡以及对比较文学和世界文学的反思等问题，作为翻译文学各方面的跨学科考虑的总体要求。在这一讨论过程中，对由若干新的翻译类型所提出的翻译文学的理论问题的解决，和对原有文学翻译的基本问题的进一步思考，将被纳入一个更加庞大而有序的大文学视野中，以便加深和拓宽文学翻译和翻译文学的概念，从而大大丰富和深化对文学翻译批评的理解。

2. 文学与文学翻译：走向翻译文学

从翻译与文学的关系来界定文学翻译本身，可以得到一些基本的认识：文学翻译本身，如同文学创作一样，也是一种艺术，也属于人文学科。文学翻译的方法，也受特定语言及语言关系的影响。文学翻译活动可以借鉴文学创作的

5　原载国际翻译家联盟、中国翻译协会编《第18届世界翻译大会论文集》（北京：外文出版社，2008年），题目有改动。

手法，文学翻译的评论与接受亦然。文学本身的发展，在相互影响的意义上，借助了文学的翻译而得以进行。一方面，文学翻译构成比较文学的一种研究工具、手段和途径，而且是最近便的途径。另一方面，比较文学则构成文学翻译的学科基础。在最广泛的意义上，文学翻译活动，是一切文学交流乃至文化交流的必由之路，因而在一定意义上，文学翻译活动本身，必然带有跨文化和比较文化的认知性质。

个体的文学作品自不待言，单独的国别文学或民族文学要走出本土进入世界，必须依靠翻译，因此翻译是国别文学或民族文学走向世界的必由之路。这一步在传统意义上属于文学翻译，而文学翻译往往被理解为一种文学作品的语言转换和意象或意境的再造活动。文学翻译和文学创作一样，已经是依据原作而进行的审美再造活动，也即所谓的"翻译是再创作"。进一步从文化交流的角度而言，文学翻译便有了文化协商和"创造性背叛"的名分。文学翻译是一种在本土文学语境中的文化改写或文化协商行为。两种不同文化的遇合际会，必然经历碰撞、协商、消化、妥协、接受等过程。译者作为两种文化的中介，经过他解读、价值评判、改造、变通等文化协商的结果——译作，已不复是原来意义上的外国文学作品。除外在形态异化为译入语语言外，译作还会因适应译入语文化生态环境而出现变形、增删、扭曲等，从而打上译入语文化的烙印，负载着译入语时代文化的意蕴，所以法国文学社会学家埃斯卡皮指出："翻译总是一种创造性叛逆。"（谢天振，查明建，2004：3）

可见，正是在这个意义上，特别是在文学翻译过程必然包含两国文学比较（潜在的或明显的）的意义上，比较文学成为文学翻译在方法的借鉴和观念的比照上无法回避的问题，而不存在像巴斯奈特（Bassnett，1993：138-139）所说的那种比较文学大于翻译或者翻译大于比较文学的问题，也不存在简单地从前者转换为后者的问题。为了加强翻译与研究的关系，这里提出在翻译上要有"翻译性研究"和在研究上要有"阐发性研究"的概念。作者认为，要使"翻译性研究"向"阐发性研究"过渡，或者要借助研究性翻译真正实现文学翻译向翻译文学的过渡和完成，还需要做以下几个方面的工作：

（1）翻译中原文本与译文本之间在意义层面上的互相阐发；

（2）主要文本和其他史料／资料之间在思想的系统联系和理论建构上的互相阐发；

（3）东西文化之间（主要是由西向东的阐发）在解释其所以然的文化发生学根源时的互相阐发。

不难理解，这样的阐发机制实际上就是中国比较文学的核心方法，即阐发方法，其中也包含目前正在强调的比较文学的跨文化研究方法。因为按照中国比较文学的阐发理论，真正的比较文学就是这种相互阐发的过程，而不是静态的、机械的平行比较（法国流派），也不是单方面、单方向的影响分析（美国流派）。由此可以看出，比较文学作为文学翻译的方法基础和翻译文学（译介学）的认识基础，是至关重要的。

比较文学的平行研究和影响研究也会进入文学翻译过程，构成其向翻译文学过渡的必要条件。前者构成文学翻译中两个作品世界的对等和等值概念的基础，后者则构成翻译文学层面上外国文学对本族文学影响研究的基础。如果说比较文学对文学翻译的实施和研究是比较性的、参照性的、阐发性的、构建性的，那么，它和翻译文学的关系则是影响性的、接受性的、效果性的、综合性的，也就是说，进入译介学视野的比较文学，在翻译文学中强调的是异国文学对本国文学的影响关系和影响结果。当然，这个影响的接受不是被动的和无条件的，而是有选择的吸收和消化的过程。也正是在译者和读者相继参与这样的选择并且接受的意义上，翻译文学不等于原本意义上的外国文学，而有点类似于比较文学中作家之间的影响研究，不过一个是在跨语言和跨文化的不同作家之间，另一个是在更为复杂的作家以及译者和读者之间罢了。

以上讨论了文学翻译的基本方式及方法。它导向这样一种总体性的认识：要使文学翻译成为翻译文学，不仅仅是变换和翻新术语，也不仅仅是完善和添加分类，二者之间不是彼此对立的概念（王宏印，2006）。毋宁说，文学翻译与翻译文学是前后相继的过程，后者是以前者为基础的建构活动，或者是包容前者在内的一个更大的概念。在提升机制上，从文学翻译到翻译文学同时包含着观念变更、质量要求、品位提升和角色位移。具体而言，它必须满足下列几个条件：

（1）并非一切文学翻译都可以称为翻译文学。翻译对原作的文学性的选择和取舍姑且不论，原有文学在经过具备专业水平的翻译以后，必须要达到文学的基本水准和艺术要求。也就是说，原作是文学作品，译作也应当是文学作品，而且是具有相当品位和相当价值的文学作品。由此可知，翻译文学是一个质量和品质的概念，而文学翻译是一种活动和操作的概念，后者只有达到前者的要求和水准，二者之间的区别才趋向于消失。

（2）文学翻译是从原作进入译作的中介性过程，是包含模仿与创作的双重性质的活动，而翻译文学是一种文学的存在样态，是从原作转换为译作的文学存在样态，因此也包含主体文化对翻译文学的接受和评价，为其进入本族文学提供条件和机制。由于译者本身的创造性贡献和两种文化因素的介入，翻译文学的存在和对它的认同变得更加复杂、多层面或持续可变。例如，以译者国籍还是译入语言作为划分归属的标志，就是一个问题。

（3）所谓翻译文学，实际上包含了由原作所在的文化环境进入译作所在的文化环境的转变过程。作为作品，应当说是一个完成了的过程，但作为文学现象则始终在变动中。也就是说，翻译文学侧重于翻译活动的结果，并且力争可归属于"顺译"条件下的译入语国家的文学史，但实际上，从渊源关系和文化身份来说，它仍然不能彻底脱离原作语境下的文学渊源。换言之，翻译文学永远都是具有居间状态和双重性质的文学存在，即它的原作属于原语文化的文学史（外国文学），而译语文本则归属于译入语文化和异域文学的接受史（本国文学），或者间接地归于译者的创造价值的实现（译介学）。

3. 构建翻译文学：文学翻译国际化与国别化的必由之路

关于文学、翻译和翻译批评的关系，任何批评家都必须认识到，翻译不仅可以给文学提供一个异域和异语的再生之地，延长其艺术寿命并扩大其影响，而且往往使其精微之处得以显现，使其艺术特点更加夸张和明晰，将其独特性和差异性直接暴露在比较文学和跨文化研究的视野中。可见，文学翻译本身也是一种分析方式和认识方式，在视角位移和审美距离的意义上，翻译也是文学的一种评价角度和另一重价值实现的方式。

> 在理论上，一方面，由于任何批评家都不可能通晓所有语言，因此文学必须依赖于翻译，并从翻译中获得细节和精妙之处；另一方面，翻译和批评都会促进文学的理解和领悟。（罗斯，2007：11）

但这并不意味着在翻译和批评之间存在谁高于谁的问题。恰恰相反，翻译和批评都依赖于作品，因为作品是第一位的、原发的，而翻译和批评都是第二位的、派生的。创作第一性的观点便由此建立。翻译和创作与批评的关系又是复杂的，值得深思的。在笔者看来，文学翻译一方面是进入文学的一种途径，另一方面也是文学批评的一种方式，因为翻译提供给读者重新思考文学作品的空间和视角。

翻译可以给文学带来更新和变化。从介入机制（intervention）的角度看，一个民族要使自己的文学走出本土进入世界，必须经过必要的具有更新性质的译介机制，而在接受外来文学营养以打破自身封闭状态的意义上，外国文学的译入，就不仅仅是单纯的接受，而是带有改变本族原有文学状态和性质并由此产生新性质的问题的意味。换一个角度看，本国文学的译出，相对于外国文学的译入，只是方向和角度问题，只有在外视和内视的意义上，才有外国文学与本国文学的说法。民族文学的翻译问题，一般被理解为一个大的多语种多民族的文化中少数民族文学与主流文学之间的相互翻译和影响的关系。它与前两种文学的翻译具有同样的意义，也即文学之间相互吸纳、改造自身文学状态的必由之路。它们之所以可以构成更为广泛意义上的翻译文学的类型，只是角度与层面不同而已。例如，外国文学的译入与本国文学的译出，站在一个相对的翻译主体的位置上，只是顺译和逆译的转换关系；而民族文学，在小于国别文学的意义上，也只是它与主流文学之间跨文化的比较研究与互相翻译的关系而已。这样的认识，至少在角度和观点上，突破了历来将翻译文学视为外国文学的对应物而对其颂扬或拟制的区别对待的态度，打破了以本族语言和文化为中心的认识和论述局限，使翻译文学在理论和学术上得到一视同仁的平等对待，从而在视野上则更加包容和达观，因而也更加丰富和深刻。

所谓"外国文学"的译入在中国实际上实行的是双轨制度。一方面是外国语学院机制下的原语作品和文学史教学，其文本来源和呈现方式受到语种的限制（独立的外国语学院拥有较多的语种教学和原版图书），而作品选集和文学史则大多数为国人自己编写，例如陈嘉教授用英文编写的多卷本《英国文学史》和《英国文学作品选读》。由于语种或资料来源的限制，其中部分希腊罗马古典作品和少数语种作品被转译为英语是不可避免的。另一方面是文学院（大部分是中文院系）机制下的外国文学教学与研究，其使用的教材绝大部分是各种来源的中文译本和根据这些译本选编的外国文学作品，又可以细分为东方文学、欧美文学等所谓的外国文学甚至国别文学。它们与中国文学的古典部分和现代部分相对应并包罗在一起，被统称为"一古，二外，三现代"。与外国文学教学和研究中的拿来主义和食"洋"不化的倾向相比，这一部分的教学和研究带有更多"翻译文学"的折中味道和研究上"洋为中用"的"归化"色彩，在评论上也多有主流意识形态的渗入和干预。而文论方面则大同小异，多数取自外国文学作品的评论和美学、哲学类著作的片段，加以翻译和编著而成。其中文和外文的呈现方式并不重要，自说自话的总体基调中仍然有编选者的序言和概述，说明这些思想是外国的或是沿着一条西方的学术与文学路线传承下来的遗产——与中国文学作品、文学史和文学理论很难产生直接的对应和比较关系（唯到现当代部分因影响的关系略有不同而界限模糊而已）。

近年来《中国现代翻译文学史》（谢天振，查明建，2004）和《中国翻译文学史》（孟昭毅，李载道，2005）的编撰出版，还有《中国20世纪外国文学翻译史》（查明建，谢天振，2007）的推出，使得中国的翻译文学有了一个教材的基点和讨论的基础，也使得我们对有关外国文学的影响与翻译文学的居间角色有了较为一致的认识。但是，不可否认的是，这些翻译文学史的时间跨度在一步一步上通下联的同时，深层的理论认识问题也愈加明显地暴露出来了。

一个显而易见的例证就是《中国20世纪外国文学翻译史》，这一名称更加准确也更加发人深思。它的实际内涵可能有下列几种不同的表述：

（1）外国文学在20世纪的中国的翻译史；

（2）中国20世纪把外国文学翻译为中文的历史；

（3）20世纪的中国将外国文学翻译入中国文学史的历史。

第一个命题突出了外国文学通过翻译进入中国的历史（时间）语境，而这个翻译活动本身已经有一段历史可以叙述了；

第二个命题强调在这一特殊的语境下，外国文学被翻译为汉语或汉语化的历史，这一汉语化的过程本身也伴随着现代汉语（白话文学语言）形成和发展的历史进程；

第三个命题则以中国本土文学为本体，强调通过翻译和汉语化或汉化的过程，让原本是外国的文学进入中国文学史的过程，也就是说，外国文学融入中国现当代文学的过程，而这一融入过程已经可以表述为一种历史意识了。

综合上述三点基本认识，一个比较直接而简单的结论就不可避免：这一目前已经日渐清晰的领域（最终可归结为外国文学的汉译领域），成为一门独立的翻译文学，如今已经有了一个历史，它既区别于原语文学（外国文学），又区别于中国文学（本土文学），但又是二者之间不可缺少的联系性、中介性学科领域。

与外国文学的汉语翻译相反，中国文学的对外翻译，特别是古典文学名著的翻译，则有中国人和外国人两种译文并存的盛况，近年尤盛，令人感慨。现在是专门研究和评论翻译策略和翻译效果的时候了。这项工作似乎是不容怀疑的，而对国人尤其是译界和学界来说更是义不容辞的。值得一提的是，国人出版的翻译史已经注意汇集这一方面的成就，例如马祖毅和任荣珍（1997）合作编写的《汉籍外译史》就包括了自然科学、社会科学以及文学的外译情况。2006年12月，湖北教育出版社隆重推出了马祖毅五卷本《中国翻译通史》。其第四卷就包括了国外谈中国的译本篇、国人的外译汉籍篇、国内各民族的语文翻译篇等重要内容（马祖毅，2006），再加上第二卷，一起构成外国文学汉译和中国文学外译以及国内民族文学翻译的总体图景。这是难能可贵的，也是值得庆贺的。

> 我国典籍英译工作的进展是跟当前世界全球化的潮流和中国的繁荣昌盛密不可分的。文明多样性是人类文化存有的基本形态。不同国家和民族的起源、地域环境和历史过程各不相同，而色彩斑斓的人文图景，正是不同文明之间相互解读、辨识、竞争、对话和交融的动力。中华民族和其他民族一样是伟大的民族，有很长灿烂光辉的历史文化传统，她的文化对人类社会来说是极为宝贵的财富。中国需要了解世界，世界也需要了解中国，把中国的优秀历史文化介绍给世界，是我们翻译工作者义不容辞的责任。（汪榕培，2006：序言）

然而，我国典籍翻译目前所反映的许多问题，包括理论的和实际的问题，有不少仍然没有解决。

首先是评论和认识问题。在现代和后现代文化视域下，究竟能否对中译外和外译中做出绝对平等的认识和评价，不仅是文化翻译和文学翻译的理论问题，更是文学翻译批评的实践问题。例如，对外国人的翻译，尤其是古典小说和诗歌的翻译评价，我们微词较多，比较容易认可国人自己的译本，其实未必公平。别的姑且不论，如何在认真而科学的评论中真正摆脱中国文化本位论，破除民族的、文学的、语言的偏见，仍然是一个没有认真解决的问题。只要认真参阅一下理雅各、庞德、霍克思等人翻译的《易经》《诗经》《红楼梦》和宇文所安的《中国文论：英译与评论》，就可以看出并非西方人的翻译就一定不如国人的译本，而西方文论的观照视野对我们的深刻启示，就更加重要了。

其次是价值实现和合作方式问题。虽然现在有不少国内学者和翻译家从事和提倡典籍外译和典籍外译研究，虽然有了"大中华文库"这样大规模丛书的巨大成就，但实际上国内的翻译、出版质量都是良莠不齐的，尤其是这些外文形式的中国典籍的出版发行多数限于国内，难以进入世界文学的视野和教学研究领域。甚至可以说，有些译作成了"出口转内销"产品，只供那些学外语的学生和翻译人员业余消遣了。在现有译作精品的评论研究方面，由于读者调查费钱、费力、费时，一个突出的困难就是很难得知外国读者对中国典籍及其译本的阅读经验和评价情况，以至许多译作难免变成译者和学界自作自评和自我欣赏的对象了。为了实现中国文学文化典籍走向世界的宏伟目标，探讨在翻译、评论与出版方面的国际合作的最佳形式已经势在必行了。

最后是民族文学的问题。这里民族文学专指中国少数民族文学（在国外或国际上有时被称为"族裔文学"或者"非通用语文学"），是汉语言文学主流和汉族主流文化的重要补充，和中国文学文化全景的重要组成部分，舍此则中国文学是残缺不全的。例如，具有多民族共同起源的中华民族的神话系统当然具有多民族多元化的精彩表现和多种来源，但目前以汉语为中心的中国文学史无法涵盖少数民族的神话形态。例如，云南少数民族的丰富多彩的神话资源和表现形式无法体现。又如，由于农耕文明的生态和生活习性不同于游牧狩猎阶段，更由于汉语文学抒情体裁的走势不同于长篇叙事歌咏，汉民族和汉语文学史上一贯缺乏的史诗形式，可在形成于氏族社会时期后来广泛流传于中国、蒙古国以及俄罗斯境内的蒙古族英雄史诗《江格尔》那里得到补足。将它翻译为汉语和其他少数民族语言，在国内进行交流，增进相互影响，是繁荣中国文学的一个重要方面；而译为外文，传播于海内外，更是一项流芳百世的不朽功德。可惜有如此认识的人太少，直接从事相关翻译和研究的人更是少之又少。事实上，在我国多民族文学史上，史诗的流传和翻译是始终没有停止过的。例如，蒙古族的《英雄格斯尔可汗传》实际上是藏族英雄史诗《格萨尔王传》蒙译后逐渐演变而成的独立英雄史诗。可见，民语文学之间的互译和影响也值得探讨。

中国民族典籍翻译身兼二任，学跨两科，成为民族学与翻译学融会贯通的交叉研究领域。换句话说，民族学和翻译学这两大学科在民族典籍翻译这一脉支流中得以交汇融合，使后者成为学术价值和学术潜力巨大的研究领域，由此可以衍生出众多重大的研究课题（王宏印，邢力，2006）。

除了少数民族典籍的民译（含民语今译）、汉译和外译之外，与之相反的翻译方向，即汉族典籍的民译、外译和今译，也应该成为典籍翻译关注的领域和研究的题目。例如，清代哈斯宝用蒙古文节译的《新译红楼梦》（包括节本和评论）和编译自汉语典籍的蒙古族本子故事，在蒙古族文学奠基和发展中占据重要位置，值得关注和研究。而今人赛音巴雅尔等人翻译的蒙古文《红楼梦》（全译本），也是优秀的文学译本，值得推介和研究。遗憾的是，民族典籍翻译这样一个重要的研究分支，以及与之有关的多方面的翻译研究，包括它的汉译、外译和今译，以及汉语典籍的民译与民族典籍的互译等方面，长期以来被边缘化，得不到足够的重视，致使其与许多机会和成果失之交臂。尤其是民族文学移植方面的薄弱和落后，由此可以想见。它作为中国翻译学建设的一个分支，按照文学翻译批评的要求，相差还十分遥远，而真正意义上的文学翻译批评，事实上还没有开始。

值得一提的是，关于中国文学的对外翻译研究，除了国外一些选本和汉学家的研究以外，就是改革开放以来国内出版的《中国古典文学在国外》等几种著作。而在翻译史领域，马祖毅先生的《中国翻译简史："五四"以前部分》《中国翻译史》（上卷），以及《中国翻译通史》，都花了相当的篇幅来整理和介绍国内民族文学的翻译情况。此外，只有很少的地域性翻译史，例如《西域翻译史》表达了对类似题材的关注，民族文学的翻译只在《民族文学研究》等杂志上有所体现。倒是《民族文学研究》在2007年第二期开设了一个栏目"创建'中华多民族文学史观'笔谈"，刊登了四篇论文集中讨论编写一部"真正意义上的多民族的国别文学史"的学术问题。事实上，早在20世纪末就诞生了邓敏文（1995）所著的《中国多民族文学史论》，并引起公开的讨论，可以说是一件好事。

邓敏文著作的意义，用作者自己的话说，在于"第一次从多民族文学史建设的角度，论述中国各民族文学史研究和编写的历史、现状、实践经验和理论难题"。刘魁立的序言则认为，此类著作的出现意味着"中国文学史"的整体构成，将跨越"族别史"和"关系史"阶段，迈入"多民族文学史"的书写时期，从而对新中国《宪法》关于"中国各民族人民共同创造光辉灿烂的文化"这句话，作最坚实有力的说明（徐新建，2007：16）。

当然，这一问题的提出，是在"重写文学史"和民族文学复兴的双重意义的背景下产生的，但考虑到其资料的收集和取材的平衡、思想的贯穿和多方面的统一，其难度之大是可想而知的。关于多民族中华文学史的编写原则和设想，笔者在这里仅进行原则性说明：

（1）必须具有承认中华民族是一个多元文化和文学共存的民族的广阔胸怀，消除在一定历史时期的战乱和分裂所造成的各民族的隔阂和交往困难，在历史时间和地域空间上建立一个融合的多民族国家的概念，冲破朝代更替和正统的历史观，建立文明史（或文化史）的基本概念，由此构成容纳各民族文化和文学的心理空间。

（2）在文学的起源问题上，要能够通过各种神话和早期文学的存在状态之描述和沟通，建立多元发生的文学发生学概念（包括文化起源和语言起源理论），特别是要借鉴文化人类学和文学人类学的研究方法和广阔视野，在写作方式上也要借鉴民族志的写作方法，以便确定一些重要的经典作品和其原始形态，构成基本的文学文本系统。

（3）对各民族文学的地位、价值和相对作用的评论和评价要一视同仁，客观公正，对各民族文学和民间文学（包括艺术）及其相互关系的认识，要破除汉族和汉语为唯一和中心的观念，建立双向和多向度的互动观念，并能客观地叙述民族文学的影响关系和接受情况，使其最终成为一个相互作用的有机整体。

4. 走向世界文学：一个本身在发展和升华的理想

文学翻译走向比较文学和世界文学的途径注定是漫长而曲折的。退一步说，从民族文学到国别文学再到真正意义上的比较文学，到目前都没有真正实现。这从上述中国多民族文学史的编写的困难中就可以看出，从中国的外国文学的暧昧处境和汉籍外译的尴尬场面中也可以领略一二。何况在实际上，还有一些更为复杂的翻译类型或实践方式有待翻译批评的理论探讨。虽然这些问题的讨论对加深理解翻译文学、比较文学和世界文学都是有益的，但我们无暇顾及，只能很快进入有关世界文学的图景的说明。

当笔者刚开始写作这篇文章时，觉得世界文学这一概念异常清晰，对此充满信心，似乎世界文学的前景就在不远处的地平线上，可以望得见了。而写到这里，笔者感觉到比较文学尚不完备，多民族的国别文学史尚未形成，世界文学的前景反而更遥远了。世界文学是一个遥远的设想。虽然世界文学在歌德和马克思等经典作家那里都有过论述，但他们只是提了一下"世界文学"这个概念，没有做实质性的说明。为了使世界文学实在地被人们接受和认可，需要进一步的学理上的论证。国内一些学者对此也做过一些有益的探索，这里不再重复。只将笔者的思考简述如下：

（1）世界文学是全世界所有国别文学或民族文学的全称或总称，由世界各国别文学或民族文学的精华组成，各国别文学和民族文学都有一个走向世界的过程（在多民族国家的文学中，则有一个从民族文学走向国别文学然后再进入世界文学的过程），或者说有一个被世界文学发现和接纳的过程，虽然这一过程本身和文学史上遗产的发现与研究过程并无二致。例如，由于希腊化时期的影响，古希腊的神话和悲剧对欧美文学的影响首先具有了世界文学的性质，而由于英语和英国文学的突出地位，当然也有个人创造天才的出现，莎士比亚无论在其作品的质量、流传的广度和研究的深度上都可以说已经不属于他那个时代和国度，而具有了世界意义。在这个意义上，世界文学是对民族文学或国别文学的单一性与局限性的突破与克服，是对其他国别和民族文学的必要补充和滋养，而多种语言和多元文化内社会生活的文学存在是世界文学多样性的现实显示，其中有些差异只体现程度而不是性质，但其多样性本身也有待进一步探究，向着世界性的高度和广度迈进。因此，毋宁说本土性、多样性和世界性是世界文学存在的逻辑前提。

（2）世界文学在今天的总体存在成为现实，是因为世界上各国别文学或民族文学之间长期的相互影响的普遍性和必然性。因而使其作为整体的存在可以实现，但世界文学的整体性也是世界文学本身研究和发现的结果，而不是先验的哲学论证和假设可以造就的。世界文学在学理上的依据和认识上的中介是比较文学的研究方法，即平行研究，但除非比较文学由双向的比较发展成为多极的交叉的比较图景，目前的比较文学尚不足以作为论证世界文学存在的充分根据。当然，这一总体图景是不平衡的，而发展的过程是曲折的、不尽如人意的。例如，中国古典小说《红楼梦》虽然有相当的文学价值，但其翻译和研究相对西方小说而言，至今也不能说已经进入世界文学的核心地带。可见，要使一部优秀作品到达世界文学的程度以便最大限度地实现其潜在的文学价值，尚需要做出不小的推介努力。

（3）另一方面，西方文学的扩展和接受却具有相当的优势和新的推动力。例如，具有世界意义但又不乏西方观念和运作方式的诺贝尔文学奖，对当代世界文学新的导向和提升方向的影响巨大。可以说，世界文学既是一种现实又是一种理想。它既可以是一个指向过去的多源头的发生学概念，又可以是一个指向未来发展的融合性与差异性并存的概念。世界文学的总体目标是人类文学的相互交流与总体水平的提高，但世界文学的现实性永远是部分的、敞开的、未实现的、发展中的和不完全的。它只是一个世界性的文学概念，并无在全世界普及的奢望。

（4）目前，世界文学仍然依赖各民族语言的写作和双语写作与相应的阅读形式，一种可能的趋势是跨越国界和地区的共同语言写作与阅读的形成。就地域的分布广度而言，英语成为国际语言，而就使用人口的多少而言，（中国以外）散布于世界各地的华语文学，可以形成一个华语文学圈，而华语文学对世界各国文学也有相当的借鉴和吸收。它的存在，已经可以从不断加印的《世界华文文学概要》中得到证明，而且可以有进一步的概念区分。

> "华文文学"和"华人文学"这两个概念也需要区分。前者是指世界范围内所有以华文为载体的文学作品，无论作者属于何种国籍……一些非华裔

华文作家，如澳大利亚的白杰明、美国的葛浩文、德国的马汉茂、韩国的许世旭、日本南洋华文学会创始人山本哲也和今富正巳、越南的国家主席胡志明及黄文欢、苏联外交使节费德林等，他们均有很好的汉语功底，并用汉语从事写作，尽管其作品内容不一定反映华人生活，但因其所使用的表达工具是汉语，故其作品应属于华文文学的研究范围。

（公仲，2000：5）

与之相对应的，还有世界各地华裔外籍人士和其他民族（例如非洲后裔）用其他语言发表的文学作品，例如用英语发表的文学作品，也获得了一个"族裔文学"的概念。这些都是世界文学的有限的存在方式，然而，正是因为单语、双语和多种语言并存的写作和阅读将会存在相当长的时间，所以世界文学的整体存在，在各文学语言之外和之间将伴随着长久的甚或永远的翻译活动，而翻译中的语言的多样性和差异性的事实和融合的必然趋势及相当的难度，使得它在语言上既不能追溯一个统一的、已经消失了的共同始原语（巴别塔的假设和柏拉图式的语言起源论），也不承认世界语是作为克服各部分文学之间理解的障碍以达到普遍沟通的简捷途径。因为作为人工语言杰作的世界语只是一种虚拟的形式，它既不是文学的，也不是民族的和世界的。

（5）最后，就世界文学的共性主题而言，笔者以为有三点是必须考虑的：一是充分表达对人类存在的基本事实的珍视和尊重，以及对各个民族和国家的人民、文化、传统及生存方式的理解；二是密切关注人类目前所面临的若干重大问题，例如环境与生存问题，以及为解决这些问题而做出的共同努力；三是对包括不可抗拒的自然力和人力所造成的人类命运和宇宙未来的关怀，以及为此而作出的一切有益的物质的与精神的探索和文学表达的努力。在这个意义上，世界文学又是一个发展和变化的概念，是一个不断提高和升华的人类文学状态，甚至是为迎战人类所面临的共同问题所形成的认同性的精神状态。

显然，这不是一个在近期内就能迅速实现的目标，但我们需要从一些具体的事情做起，而且要做得比较好，比较理想。不难想象，如果我们这样做了，而且持之以恒地做下去，那么，在一个可以设想的跨学科范围内和一个可以看得见的时间段内，就可以感觉到：文学翻译批评与中国文学、外国文学、比较文学、世界文学，与中外典籍翻译，与中西文论及文论比较，与译介学，与翻译文学，与中国翻译学以及世界翻译学的总体构想和发展前景，都有着十分密切的关系。在这样一个多姿多彩、百花争艳的世界文学园地里，文学翻译批评自然有它可以生长的跨学科发展的土壤、雨露、空气和阳光。笔者相信，虽然文学翻译批评是一个荆棘和花草并存共生的园地，但是只要我们勤于开垦，善于经营，这片今日依然荒芜的园地就一定会长出健壮的果树，开出美丽的花朵，结出丰硕的果实。

让我们满怀理想和信心，重温歌德的伟大预言："世界文学的时代已快来临了。"

参考文献

- 邓敏文.中国多民族文学史论[M].北京：社会科学文献出版社，1995.

- 公仲.世界华文文学概要[M].北京：人民文学出版社，2000.

- 罗斯.翻译与文学批评：翻译作为分析手段[M].北京：外语教学与研究出版社，2007.

- 马祖毅.中国翻译简史："五四"以前部分[M].北京：中国对外翻译出版公司，1984，1998（增订版）.

- 马祖毅，任荣珍.汉籍外译史[M].武汉：湖北教育出版社，1997.

- 马祖毅.中国翻译史（上卷）[M].武汉：湖北教育出版社，1999.

- 马祖毅.中国翻译通史[M].武汉：湖北教育出版社，2006.

- 孟昭毅，李载道.中国翻译文学史[M].北京：北京大学出版社，2005.

- 谢天振，查明建.中国现代翻译文学史[M].上海：上海外语教育出版社，2004.

- 徐新建."多民族文学史观"简论[J].民族文学研究，2007（2）：12-18.

- 汪榕培.序言：为中国典籍英译呐喊——在第三届全国典籍英译研讨会上的讲话[C]//汪榕培，李秀英.典籍英译研究（第二辑）.大连：大连理工大学出版社，2006.

- 王宏印.文学翻译批评论稿[M].上海：上海外语教育出版社，2006.

- 王宏印，刑力.追寻远逝的草原记忆：《蒙古秘史》的复原、转译及传播研究[J].中国翻译，2006（6）：24-29.

- 查明建，谢天振.中国20世纪外国文学翻译史[M].武汉：湖北教育出版社，2007.

- Bassnett, S. Comparative literature: a critical introduction [M]. Oxford: Blackwell Publishers, 1993.

五　吴宓《红楼梦》研究论纲[6]

1. 引言

"一代文章矜四海，平生骚怨寄红楼。"

1948年4月，吴宓在西北大学发表关于《红楼梦》的演讲，轰动古城。临别之时，其老友姚文青赠诗一首，其中的这一联，很好地概括了吴宓的"红楼"情结，而他的《红楼梦》研究，却给后人留下一个很大很难的研究课题。吴宓的学术和人生，得到的评价不一，但有一点可以肯定，无论如何评价，吴宓都是一个在现代中国文学和文化史上不容忽视的重要人物。他的《红楼梦》研究，成就卓著，特别是他的"红楼"情结，感人至深。红学家吴宓的研究成果和研究方法，无疑也应当得到进一步重视和研究。今天在座的专家学者，有不少就曾经探讨过这个问题，其中不乏富有成效的研究。笔者初涉吴宓红学领域，自觉其中的学问博大精深，难以尽述，而吴宓的写作风格，则兼有讲义和随感的形式，需要整理。兹仅就吴宓红学研究的基本问题，提出几点看法，以就教于方家。

6　本文是笔者在2009年陕西比较文学年会上的发言，原载《陕西比较文学论文集》。

2. 经典之确认，或红学之所以为红学的根据

今天研究《红楼梦》，有一个重要的问题，那就是，如何借助《红楼梦》这样一个艺术个案，使其研究具有普遍意义。或者说，何以《红楼梦》这样一部文学作品，无论其如何伟大和不朽，竟然可以成为一门学问，即"红学"。它牵扯了无数专家学人的精力和智慧，去感悟和演说，而他们又争论不休，形成学派，莫衷一是。在笔者企图回答这个问题的时候，发现吴宓的《红楼梦》研究独树一帜，而且意义深远。

早在1920年，吴宓先生就在《民心周报》上发表了《红楼梦新谈》一文，做了一件开天辟地的事情。他开宗明义，借助西方文学研究者的成就，为小说研究找到了一个模式，作为评价经典作品与艺术成就的学术依据：

> 美国哈佛大学英文教员 Dr. G. H. Magnadier 授小说一科，尝采诸家之说，融会折衷，定为绳墨……见所作 "Introduction to Fielding's "Tom Jones"" 中。何者为六？
>
> 壹、宗旨正大（serious purpose）；
>
> 贰、范围宽广（large scope）：
>
> 叁、结构谨严（firm plot）；
>
> 肆、事实繁多（plenty of action）；
>
> 伍、情景逼真（reality of scenes）；
>
> 陆、人物生动（liveliness of characters）。
>
> 《石头记》实兼此六长。兹分别约略论之。（吴宓，1920，转引自吕启祥，林东海，2001：20）

其后，吴宓重点论述了主题和范围两个方面，其余部分的论述较为简略。但在总体上，与其认为他是将六条并列讨论，不如说这是他的文学总体观。这不仅在当时是新颖而全面的，而且对今天讨论文章学经典和经典重译，也有不

可替代的奠基作用。前提问题一旦解决，《红楼梦》的世界文学地位便可以确定了。

从这一框架可以延伸出文学普遍性的理念，兹补充陈述如下：

（1）小说作为文学容量最大的一种类型或样式，由于获得了最大的艺术可能性而不容忽视。

（2）真正的文学作品可以获得与历史和哲学著作一样的地位而进入世界文明典籍之列。

（3）即便按照西方标准，中国文学中的佼佼者也可以进入世界文学名著之列而毫不逊色。

就细观之，则吴宓的文学考察，每从全局着眼，大处落笔，使人一读之下，豁然顿悟，世间万象、人间万理，罗列森然，不徒于文学文化中获益，而且于学问与识见上受启发。例如，说到《红楼梦》小说的宗旨，他便从人性与教育、人事与社会、团体与国运、文明与人类等层面及其相互关系着眼来阐述，个中问题虽然烦琐而重大，却无不统摄其中，且能便于条分缕析，析事明理。又如，说到小说的一般宗旨，吴宓认为：小说不同于牧师布道，一味教诲；不同于辩士演讲，声色俱厉；更不同于村姬聚谈，贻笑大方（吴宓，1920，转引自吕启祥，林东海，2001：20–21）。

> 小说只当叙述事实，其宗旨须能使读者就书中人物之行事各自领会。仁者见之谓之仁，智者见之谓之智。但必为天理人情中根本之事理，古今东西，无论何时何地，凡人皆身受心感，无或歧异。（吴宓，1920，转引自吕启祥，林东海，2001：21）

这里不仅强调了小说艺术的叙事本体，而且说明了小说以具体而微的个性表现，使人通晓人情物理的普遍性。因为在比较文学的视野里，在世界文明的进程中，古今东西，原本一理。所有的区别与差异，只是细微末节，而非人情物理之大端。在具体到《红楼梦》这部中国封建社会末期的世情小说的创作宗旨与普遍意义时，吴宓教授如是说：

> 上等小说，必从大处落墨。《石头记》作者，尤
> 明此义，故神味深永，能历久远，得读者之称赏。
> （吴宓，1920，转引自吕启祥，林东海，2001：21）
> 作小说者，见闻广博，材料丰备，尚易得之。
> 最难能而可贵者，为其人识解之高，能通观天人之
> 变，洞明物理之原。夫然后以中正平和之心，观察
> 世事，无所蔽而不陷一偏，使轻重小大，各如其
> 分，权衡至当，褒贬咸宜。《石头记》之特长，正
> 即在此。（吴宓，1920，转引自吕启祥，林东海，
> 2001：29）

以这样博大的学人胸怀，来讨论这样伟大的文学巨著，所谓正当其人也。
而在谈笑风生之间，纵论天下之时，使得《红楼梦》这样的中国古典文学巨著
独步于世界文学名著之林，乃中国学界之幸，世界文学之幸。

六条论列，已见大端，其余细节，恕不一一细究。

3. 世界之进化，或艺术之为艺术的必由之路

如果说在上述《红楼梦新谈》中，吴宓借助西人框架确定了《红楼梦》在
中国文学乃至世界文学史上的经典地位，那么，在发表于约20年后的另一篇重
要文章，即1942年11月的《旅行杂志》第16卷第11期的《石头记评赞》中，
吴宓则将前文第一条"宗旨正大"中的内容加以发挥，使之成为一个艺术上升
的阶梯性结构，进而论述了艺术作品的创作源泉和升华机制等问题。

这里不得不先论及艺术与现实的关系。吴宓不仅非常重视这一问题，而且
进行了系统的理论阐述。早在1935至1936年，吴宓在清华大学开设"文学与
人生"课程时，就讲到了二者之间的关系。简而言之，吴宓的诗学和他的世界

观是一致的，他的认识论符合他的价值论。他在艺术上提出三境说，在现实中提出三界说，并使两者在总体上形成对应关系。陈建中详细地总结了这个问题。他指出，吴宓在《文学与人生》中绘制了一张"万物品极图"。根据中国"天地人三才"的古训，吴宓融汇中西文化，提出"天人物之界"说，正好和他在诗学中的"三境说"相对应。在吴宓的"三境说"中，实境是物象的世界，真境是天的世界，幻境则是人的世界，是艺术家创造的人的世界。幻境在天界和自然界的中间，是"三境说"的核心。这个系统反映了吴宓对现实、艺术和真理三者关系的看法。（陈建中，1995：108-109）

笔者依照其他有关论述，将以上的对应关系简略表示如下：

现实三界　　　诗学三境

神（灵魂）　　真境（宗教）

人（灵肉）　　幻境（艺术）

物（自然）　　实境（物象）

由此得出吴宓诗学之概要及其世界本体的哲学基础，以构成对吴宓文学观的基础认识。

再回到《石头记评赞》中提出的艺术创造的升华，这是一个包括了三个世界的依次上升的理论框架：

第一世界：世俗人所经验，实；

第二世界：哲学家所了解，虚；

第三世界：艺术家所创造，真。（吴宓，1942，转引自吕启祥，林东海，2001：855）

细心的读者可能会发现一个有趣的现象：稍后发表的《石头记评赞》，将艺术的幻境改为哲学的虚，而将宗教的真境改为艺术的真。这样，第一世界相当于实境，即作者在生活中获取的物象或经验，是实；第二世界，是哲学家所了解之世界，即观念的世界，是虚，在艺术上是幻境，即意象；第三世界，才是真境，包含真理的真，即合哲学与艺术为一的真境。在讲到三者关系的时候，吴宓曾经倾向于强调中间状态，以便更好地说明底层的和高层的两个世界。

美术中幻境之价值，不在其与实境相去之远近，而在其本身是否完密（complete），无一懈可击，使读者置身其间，视如真境。真境者，其间之人之事之景之物，无一不真。盖天理人情物象，今古不变，到处皆同，不为空间时间等所限。故真境（reality）与实境迥别，而幻境之高者即为真境。故凡美术，皆求造成一无殊真境之幻境，惟诗亦然。（吴宓，1922，转引自吴宓，2007：67）

当联系到作家的创作活动和《红楼梦》的艺术境界时，吴宓乃将艺术世界的三境合一，使其共处于一个统一的艺术创作境界之中：

第一世界：曹雪芹之一生，乱而实（many）
（杂多——笔者注）
第二世界：太虚幻境，整而虚（one）
（整一——笔者注）
第三世界：贾府，大观园，整而实（one in many）
（多中寓一，或一中见多——笔者注）（吴宓，1942，转引自吕启祥，林东海，2001：856）

显然，这一框架在思想来源上仍然借用了西方古典文艺理论的思维方式，那就是分类加层次论的思维方式。同时，该框架也融合了中国的范畴观念，特别是《红楼梦》本身的说法。最后，借用哲学的"一多"关系术语加以说明，使结构得以完成。

这一框架的创新意义和巨大的理论价值不仅在于其自身，即构成现实事物、哲学观念和艺术整合的关系，而且在于，将其和国内外一些著名红学家的观点进行简略比较，可以看出各家思想的长处和不足：

（1）吴宓的理论解决了作者原生态的生活资料与小说艺术作品的关系问

题，克服了胡适（1999）实证研究的自传说误将现实生活中的作者本人和小说中人物形象混为一谈的缺陷。

（2）吴宓的理论打通了生活真实和艺术真实逐步升级的关系，解除了蔡元培（1999）索隐派红学之弊。因为在后者那里，艺术作品成为现实的直接反映，因而失去了普遍的真理性。

（3）吴宓的理论说明了艺术高于哲学、美学高于伦理的原则，避免了王国维（1999）在《红楼梦评论》中借鉴叔本华哲学来说明悲剧问题时混同伦理与美术（艺术）的倾向。

（4）较之余英时的两个世界理论，吴宓的三个世界理论在方法论上既没有生搬硬套西方伊甸园宗教原型的痕迹，在理论的设计和艺术的认识上也要丰满和深刻得多。

（5）有些人在将《红楼梦》中的大观园意象追溯到中国传统小说《镜花缘》的时候，简单地以后者作为《红楼梦》创作的艺术原型和直接借鉴，而吴宓的论述，由于增加了中介环节，在理论上就显得更加深刻且符合文学创作的规律性认识。

4. 主题之变奏，或文学之为文学的价值所在

本文前面两个部分给人的印象似乎是：吴宓的研究借助西方的思想和方法较多，深探中国自己的文学和文化核心则不足。这其实是一种误解。同样，在《石头记评赞》中，吴宓不仅借助三个世界的理论开始把中国的文学资料不露痕迹地融入西方哲学（或普遍哲学）的框架，而且在涉及社会与人物的关系等问题时，采用了彻底的中国式做法。这就是吴宓提出的主题变奏。

在此之前，先来看一看吴宓对世界和中国的看法：

> 《石头记》为中国文明最真最美而又最完备之
> 表现，其书乃真正中国之文化、生活、社会，各部
> 各类之整全的缩影，既美且富，既真且详。盖中国
> 当清康熙、乾隆时，确似路易十四、路易十五治下

之法兰西，为欧洲及世界政治之中心，文物之冠冕，后世莫能及之盛世。今日及此后之中国，纵或盛大，然与世界接触融合，一切文化、思想、事物、习惯，已非纯粹之中国旧观，故《石头记》之历史的地位及价值，永久自在也。（吴宓，1942，转引自吕启祥，林东海，2001：851）

这样一种世界眼光，在摆脱欧洲文明中心论方面，可以说功绩卓著。在落实到对《红楼梦》作品的分析时，吴宓便采用了人物带动阶级和社会的方法，进一步上升到作品主题及其变奏的高度。

（1）个人之性情行事——贾宝玉为全书之主角，一切描写之中心。以贾宝玉与中西诸多人物（如卢梭等）比较，而判定其性格。

（2）人与人之关系——就爱情一事写之：（甲）宝与黛，真情而失败；（乙）钗对宝，诈术乃成功。

（3）团体社会中政治之得失——贾母王道；熙凤霸道（才略可取，贪私致祸）。

（4）千古世运之升降——文明进步，而人之幸福不增，遂恒有出世（宗教）及归真返朴之思想（primitivism），《红楼梦曲》中《虚花悟》所言者是也。（吴宓，1942，转引自吕启祥，林东海，2001：848）

这样一个结构宏伟的命题组，正是《红楼梦》主题之多重变奏的缩影。在吴宓所画的同心圆图示中，从中心到边缘的展开过程，正是一个由个人（性格）到私交（爱情）到社会（政治）到人类（命运）的同构关系图。它的真实意义在于：

（1）个人的命运悲剧隐藏于个人的性格缺陷中，须与他所属民族的典型性格进行对比方能看出共同人性的根源和性格类型之归属。在这方面，吴宓的性格分析实际上带有跨文化研究与比较文学或总体文学的性质，在眼光和方法上已远超当时及当前一切红学家之上。

（2）爱情作为人类事件，体现为交往与关系，深刻地揭示了人类爱情与婚姻的矛盾，以及真情（纯情）中隐含的悲剧性质。由于设立了反命题，较那些一味歌颂爱情的简单主题，要辩证和全面得多。

（3）以政治作为社会分析标本，王道与霸道的二元对立，概括了中国社会的政治概念和政治实践。虽然这一人物的对立设计并非完全与概念相符合（事实上在历史上也从未出现过纯粹的王道或霸道），但贪欲与才能的区分，及其与霸道的联系，却有一定的必然意义。另外，在文学的结构内部，将主题指向政治（四大家族以外的王权政治或当时的意识形态倾向），比指向作品以外的社会要高明得多。

（4）最精彩的是最后一个层次，那就是人类文明的演进与个人幸福增加的对照。在这里，宗教的超脱与历史的倒退作为对立的命题设定，无论在世界历史上有过多少重演和试验，都是不够的。在论述这个问题时，借助刘姥姥的性格形象使其超脱在贾母之上，需要论述者的胆量和见识。而从《红楼梦》组曲的冥冥之音中听出虚无的毁灭感，则需要具有人类命运的存在式焦虑的意识。

主题的复杂来源于世界的复杂，而艺术的功用也因此有了多重表现。吴宓在《红楼梦之文学价值》（吴宓，1945a，转引自吕启祥，林东海，2001：1064–1066）中提出了四种可能：

（1）人生真象；

（2）爱情大全；

（3）文艺精华；

（4）宗教因缘。

显然，《红楼梦》的主题是复调的、变奏的，因为文学作品和世界本身是复杂的、变化的。在吴宓多层次主题揭示的比照下，以往的讨论和结论都显得很肤浅：个人的、爱情的、青春的、婚姻的、阶级的、贵族的、封建的、政治的、救世的、遁世的、民族的，都显得零散而缺乏深度。

这又使笔者想起了如下各种说法：胡适的自传说（个人的），王国维的悲剧说（遁世的），蔡元培的反清复明说（民族的），鲁迅的人情小说说，冯其庸的社会思想说（意识形态的）等。产生单一主题或把文学巨著简化的原因很多，最主要的是缺乏多学科的综合方法和跨文化的视界融合机制。因此，除了个人的、民族的、认识的、教育的偏见以外，许多人都没有明白的一个问题是：作为文学巨著的《红楼梦》是多重组合的统一体，在主题上也是如此。尤其是必须具备人类文明史的认识高度和跨文化比较文学的学科视野，才有可能成就这样的认识。而这，就是作为比较文学大师和红学家的吴宓先生给我们的启示。

5. 性格之典型，或纯情论的世界文学比较观

因为喜欢一个人物而喜欢一部文学作品，因为喜欢一部文学作品而喜欢其中所有的人物，这是许多读者阅读文学作品的动机。同样，像《红楼梦》这样一部人物众多而且栩栩如生的作品，许多研究者会把精力和重点放在人物欣赏和评论上。这是不足为奇的，吴宓也不例外。不过吴宓的《红楼梦》人物论，自有其不同凡响之处。他重点分析了贾宝玉、王熙凤、紫鹃等人的性格，并在《王熙凤之性格》（吴宓，1945c，转引自吕启祥，林东海，2001：1080–1084）一文中提出了别具一格的三界说。

吴宓提出的这个三界说，乍一看在形式上颇类似于前面讲到的《石头记评赞》中的三个世界说，两者的根本不同在于：此前的三个世界说是要说明作者与作品、现实与艺术的区别与联系；而在这里他将天地、物欲、神仙三界全部纳入或归入艺术作品中人本的世界，即人物性格的世界（人界），分门别类加以分析而立见其高下圣俗，其表面的用词（如天界、人界、物界）则只有助于说明人物而已。人物之三界说要义如下：

> 上等人，天界（神仙）。
>
> 其立身行事，本于：（1）真理；（2）爱情。
>
> 例一：贾宝玉——由爱得真（出家）。

例二：林黛玉——其爱极真（殉情）。

中等人，人界（凡俗）。

其处世接物，恒勉为：（1）谨慎，明达；（2）伪善矫饰。

例：薛宝钗。

下等人，物界（魔鬼）。

其对人成功，专凭：（1）机诈；（2）势利。

例：王熙凤。（吴宓，1945c，转引自吕启祥，林东海，2001：1081）

吴宓的人物划分方式不本于职业而本于性情，即"人生各做一梦，即各居住于一世界中"。在讲到各种人物的关系时，吴宓说"同类之人，可以互喻（即互相了解），但不免互争；而异类之人，彼此间完全隔膜"。在讲到世界的总体时，吴宓认为，三类不同之人，各有其"世界"以求满其所欲，而此三（或更多）世界却又集合于一世界中（吴宓，1945c，转引自吕启祥，林东海，2001：1082）。

然而更重要的还是上述三界中的各色人等，既各居其位又有不同的变数。且看吴宓的说明：

"瞒消息凤姐设奇谋"是魔鬼神圣。故云黛玉之焚稿与其死，正同耶稣之被钉于十字架也。宝玉出家，是逃脱魔窟，归入圣域。而凤之助钗，钗之亲凤，是凡人易趋下流，不愿上进之意。（兹所谓魔，即小说中之恶人villain，破坏好事者）（吴宓，1945c，转引自吕启祥，林东海，2001：1081）

几个主要人物的划分和定性，以及品级的排列如下：

> 贾宝玉：狂（介乎圣凡之间），痴，浪漫（升华为高尚），色情的（情爱二元论，意淫）。（吴宓，1945b，转引自吕启祥，林东海，2001：1077）

> 薛宝钗：以术干，以智取，随时随地，无不自显其才识，……权变至此，宜有大方家之号，而卒得成功。（吴宓，1920，转引自吕启祥，林东海，2001：25）

> 王熙凤：1. "属于贪之一类（又兼带嗔，但并无痴的成分）"
> 2. "视爱情甚轻"
> 3. "为霸道之政治家"（霸主或暴君，旧评之曹操）。（吴宓，1945c，参见吕启祥，林东海，2001：1081–1083）

说到吴宓此类划分和分析的方法论上的依据，则可有下列分析：

（1）其人物类型划分的主要根据，实乃本于个人之基本意欲（或梦境），略同于梁漱溟对中国、印度与西洋文明（向内，向后，向前）的划分，是心理动力学的。

（2）每一类具体人物的等级划分与评价，本于个人在社会行为中的善恶作用，即与他人及社会生活的利害关系，属于社会心理和行为科学性质，是功能性的。

（3）对每个人物的个性描述，主要是对性格特质的心理描述，但又带有个人价值观的基本伦理定向的确认，具有基本的内在结构性，但不求完备。

（4）在所有人物的性格划分、分析中，所用的语言、方法，具有人类伦理道德情感意志的形而上学的认知性质，接近印度古代文化中《舞论》的划分精神。

（5）所用形象语言和范畴概念，则合中国文化和西方文化为一体，古今文学与非文学为一体，并力图在跨文化的世界文学性格分析上将古今中外打通、联系而不拘一格。

以下再以贾宝玉的性格分析为例予以较详细的列举：

（1）性情真挚。

（2）爱自然，喜自由，而恶礼法形式。

（3）爱美。

（4）富于"想象的同情"。

（5）好色，贪欲，贪恋，然见解超佚流俗。

（6）了解女子心理，能乐为诸多女子忠实服务。

（7）悲剧的人生观。

（8）秉性仁慈，具有佛心，故卒能解脱。（吴宓，1945b，转引自吕启祥，林东海，2001：1078）

可资比较的世界文学作品或人物性格：

（1）但丁《神曲》

（2）西［塞］万提司［斯］《魔侠传》[《堂吉诃德》]

（3）卢梭《忏悔录》

（4）葛［歌］德《浮士德》（吴宓，1945b，转引自吕启祥，林东海，2001：1079-1080）

关于《红楼梦》等小说人物的二重性，以及可以比较的方法，吴宓有一段重要的论述：

盖凡诗与小说中之人物，皆兼具两重性格：既
　　代表人类智愚善恶之一种典型，又表示某年龄某地
　　位某职业等之一个人之特性（简曰个性）。个性虽
　　殊，典型不异。古常可以《石头记》中之薛宝钗，
　　比拟《水浒传》中之宋江，《三国演义》中之曹操，
　　《花月痕》中之杜采秋，与夫历史中之汉高祖。或以
　　《石头记》中之史湘云，比拟《水浒传》中之鲁智
　　深，《三国演义》中之张飞，等等。盖取其为诸多团
　　体中之同一典型耳。此种比拟法，乃谓此群中之甲
　　与彼群中之乙是同一典型；非谓甲既是乙，或甲源
　　出于乙。（转引自徐葆耕，1998：306）

　　在这里，吴宓直截了当地指出，索隐派的错误，以及其他类似的误解，均在于不懂此方法之应用。这种方法的要义如下：

　　（1）性格定性方法类似于泰特勒"翻译三原则"中的"同一风格类型"，或法国学者布封"风格即人"的典型界定方法。

　　（2）对某一人物性格的界定，本于"察其言，观其行"式的考察方法，兼有事实判断和道德判断的作用。

　　（3）类比方法，在跨文化的比较文学的不同系统之间，具有内涵比较（基本属于同一类型）和外延比较（在系统中之相对地位）的双重性质。

　　在《红楼梦》所有人物中，吴宓对紫鹃可谓情有独钟。按照吴宓的认识，"以典型论紫鹃，盖为最忠于理想之人"（吴宓，1946）。就紫鹃对林黛玉的忠实而论（林黛玉实为爱情之代表），可有几点说法："调护成全之苦心妙诣""切实匡助之大智大勇""忠言直谏之谋虑周详""养生送死之忠贞不渝"（吴宓，1946）。这四条美德足以让吴宓对紫鹃生出崇敬之心。

　　在《论紫鹃》一文的末尾，吴宓动情地写道：

　　　　诗云"高山仰止，景行行止"。紫鹃紫鹃，吾

实敬爱其人。吾愿效法紫鹃，愿引紫鹃以自慰，终吾之余年也。吾亲吾友，欲知宓者，请视紫鹃！

（吴宓，1946）

在方法上，这种即便不是把自己摆进去，也是情感投入甚多的研究，可以借用一个社会学上的术语，叫作"参与性观察"，或者干脆另起一名，称为"恋情性评论"。平心而论，《红楼梦》研究者多矣，受其影响和感动者亦多矣，但是像吴宓这样以教授之尊而以丫鬟紫鹃为知己和楷模的，实不多见。这便是吴宓在理性的分析和研究之余，对《红楼梦》的钟情处。当然，也是笔者在敬佩吴宓的才识学问之外，深受其感动的原因。

如何写一个小小的结语呢？尽管笔者的研究还是简略的、纲要性的，但也可以有这样的认识。中国比较文学的奠基人、当代著名学者吴宓先生，一生热爱《红楼梦》，一生研究《红楼梦》，一生演讲《红楼梦》。他的《红楼梦》评论，源于他作为比较文学大师对文学与人生关系的深刻理解。在这里，不仅可以看到跨学科的比较文学、比较文化的宏大视野，而且可以看到国学与西学相结合的致思路径。吴宓先生是以全身心的爱去研究《红楼梦》的，正如先生是以全身心的爱去生活过一样。

谨以此文表示笔者对吴宓教授的崇敬和纪念。

参考文献

- 蔡元培.石头记索隐[M]//萧一山.旧籍新刊.长沙：岳麓书社，1999.
- 陈建中.关于吴宓的"三境"说[J].文学评论，1995（5）：104-111.
- 胡适.红楼梦考证[M].长沙：岳麓书社，1999.
- 吕启祥，林东海.红楼梦研究稀见资料汇编（上、下）[C].北京：人民文学出版社，2001.
- 王国维.红楼梦评论[M].长沙：岳麓书社，1999.
- 吴宓.红楼梦新谈[N].民心周报，1920-3-27，1920-4-3.
- 吴宓.诗学总论[J].学衡，1922，9（9）.
- 吴宓.石头记评赞[J].旅行杂志，1942，16（11）.
- 吴宓.红楼梦之文学价值[J].流星月刊，1945a，1（1）：48-49.
- 吴宓.贾宝玉之性格[J].流星月刊，1945b，1（2）：31-33.
- 吴宓.王熙凤之性格[J].流星月刊，1945c，1（3、4合刊）.
- 吴宓.论紫鹃[N].武汉日报，1946-12-16.
- 吴宓.吴宓诗话[M].北京：商务印书馆，2007.
- 徐葆耕.会通派如是说——吴宓集[C].上海：上海文艺出版社，1998.

六　跨文化传通的现象学模式释义 [7]

1. 引言

一门学科，一定要找一个哲学基础吗？

回答是肯定的。为什么？因为一门学科，只有当它找到了一种哲学理论，并把该学科建立在这样一种哲学的基础上，才可以说它具有了扎实的理论基础。

人们可能又会问：何为现象学？为何跨文化传通学要以现象学哲学为基础？这样做又有什么特别重要的意义呢？

笔者认为，现象学是最能代表20世纪西方哲学发展的高峰和特点的哲学。不仅如此，现象学还是跨文化传通学得以建立的哲学基础。当然，一门学科的理论基础并不是单一的。跨文化传通离不开文化学和传通学（交际学），而且二者的结合也很重要。但是，话又说回来，文化学和传通学只是直接作用于这个交叉性学科的专业学科，而不是其根本的哲学基础。也就是说，专业知识是一回事，而哲学基础是另一回事。当然，现象学不仅可以作为跨文化传通学的哲学基础，而且可以作为一些其他学科的哲学基础——关键是

7　原载《人文杂志》1995年增刊第2期，后经扩充作为附录收入《现代跨文化传通——如何与外国人交往》（天津：南开大学出版社，2012年），286—311页。

看一门学科如何看待自己的哲学基础，以及如何去寻找和论证这一哲学基础。

简而言之，现象学是胡塞尔于20世纪创立的一个哲学流派。胡塞尔（转引自李恒威，2007）在《欧洲科学的危机与超越论的现象学》一书中表达了他的这一观点，其基本要点是企图把哲学建立在科学的基础上，或者说，让哲学成为一门科学。为此，胡塞尔沿着现代西方哲学的认识论思路，追溯人的认识的逻辑起点，提出以意向性作为认识的内在根据，打通笛卡尔以来的主客观对立。他还进一步认为，现象背后没有事物的本质，人类可以直观真理。这样，现象学在20世纪兴起，引起了文学艺术界和哲学及社会科学界的关注，成为一门先进之学，也成为其他许多学科的哲学基础。

> 建立一门"严格科学的哲学"是胡塞尔终其一生的哲学理想，也是在《危机》中胡塞尔一再表达的哲学观的或一般科学的科学观。胡塞尔曾说，"通过严格的哲学科学来发现一条通向上帝和真正生活的道路"。这一哲学观或科学观既是对理论的要求也是对生活的要求，它指望生活世界的一致且完备的确定性：满足以确定性的理论的最高需求，为任何一门科学奠定基础，并且在社会行为的实践方面使得一种受纯粹理性规范支配的生活成为可能，特别是关于人存在意义的确定性成为可能。（李恒威，2007：55-56）

上述观点可以参见胡塞尔《哲学作为严格的科学》（1999：1）。不过，在胡塞尔本人的哲学追求中，也有以之作为其他科学的基础的意图。作为社会科学之一种的交际学，当然也是可以以之作为哲学基础的。不过，本文对这一哲学基础的认识，并非出自胡塞尔的观点，而是出自笔者对交际学的哲学基础的一种特殊的追求，而且这一哲学基础也不是单一的。

那么，何为传通学，或交际学？严格说来，交际学属于人类的行为科学，人类的行为可以分为生产行为和交际行为，而马克思认为是生产活动与交际活动。交际行为研究的是人类相互之间打交道的学问。但是，如同生产行为一样，这些可以观察的人类交际行为的背后，有其更深刻的心理动机和反应机制，也有一定的文化模式在起作用。它具有人类群体行为和个体性行为相结合的特点，也有一定的动机和语境的作用。因此，需要一门新的哲学作为认识基础来深入地研究这门学科。在这种情况下，我选择了现象学作为跨文化传通的认识论基础，同时杂以形象学、解释学、存在论、文化学、交往理论等众多学科的知识，进行专门研究，建立理论系统，取得了一系列研究结果，并且创造了一个模式，以便更加系统而直观地说明自己的理论观点。

那么，在众多新兴学科中，为什么要专门关注跨文化传通学？或者说，这样一个专门的研究又有什么样的哲学意义呢？之所以这样提出问题，归根结底，是因为不同学科对人类知识的建树只是一方面，而另一方面，也更重要的是，学科研究的侧重，导致人类认识论价值观的专业转移，甚至一般哲学观点的整体转移。在这个意义上，交往理论对后现代伦理思想的形成，起着非常重要的作用。以下论述将进一步回答笔者提出的这一转向问题。因为它涉及西方哲学发生根本改变的内在要求和交往理论导致的四个方面的转变：

> 站在世纪之交的门槛上，如果充分考虑到"最高立法者"的隐遁，考虑到"阿基米德点"的纷纷塌陷及后现代文化的"不确定内在性"，一种以沟通为目标、以同情（或理解）为基础的交往理论，又能在态度上作出一些什么样的承诺呢？我想，目前至少能作出四个方面的概括：A．在知识论上，从狂妄转向谦卑，为"神秘性""不可知领域"或"信仰的再生"留下余地；B．在主体论上，从自由转向责任，使交往者现在的价值定位成为可能；C．在存在论上，从自在转向共在，

促使交往世界形成非中心化的集合图景；D．在语言论上，从哲学转向诗学，以便在日益分离的事实与价值之间重新植入神话的要素。（王鸿生，1995：239–240）

以上论述说明，跨文化传通学是人类目前最具代表性和先进性的复杂学科之一，如同翻译学科一样，它反映人类思维和交流的最复杂的状态。甚至可以提出这样一个谱系，来说明人类知识性质与其活动形态的分阶段的对应关系：

（1）孤独的沉思者，传统哲学的玄思形态——无所不知的学者类型——智慧或学问；

（2）思考的行动者，近代科学思维的形态——具有专业知识的科学家——分科的知识；

（3）交叉的批判者，现代交往理论的形态——跨文化交往理论的批评者——文化学者。

作为上述第三阶段或类型的思考成果，本文旨在结合跨文化传通学的建立，探索其哲学基础和基本原理，反映现代和后现代社会的价值观、世界观和人文精神。

2．形象感知与形象学

跨文化传通是交际者双方进入交际过程及其交际关系后分别产生的两组形象的对峙和接通机制，由此构成人类交际行为中可直接感知的表象层面。它的起始是交际者甲乙双方相对而视和初步交往的过程。表面看来是交际者甲乙进行面对面的"实体"交际，其实不然，人和人交往，即使是在身体接触意义上的交际，也不能完全视为"实体"交际。心理的因素是首要的，而身体，只是在场而已，甚至可以说，身体的在场常常是潜在的。它倾向于不在场，而将精神或心灵推到了意识的前沿，成为感知和想象的主体。或者也可以说，交际活动是身体和心灵同时在场，而不是身心二元论所说的分别在场。那么，它究竟是一种什么样的在场呢？

> 在梅洛－庞蒂思想中，主体本质是身体－主体（body-subject）的存在方式，也是一种具身心智（embodied mind）的存在方式。梅洛－庞蒂把人看作一种两义纽结或暧昧（ambiguity）的存在，这是一个既反对经验论也反对唯理论的身心观。也就是说，"embodied mind"不是身体附加上心智或心智附加上身体的存在，而是两者纽结的统一。（李恒威，2007：78）

这是一个重要的思想，它打破了笛卡尔以来的西方哲学的身心二元论，将身体和心灵视为一体：若无身体，感官就不可能存在并发挥作用；若无心灵，身体便失却了统帅。但在交际意义上，我们仍然把人际交往看作精神的交往过程（这种精神交往也不是柏拉图的"精神恋爱"，即没有肉体接触的纯粹的精神向往和人格欣赏）。归根结底，人际交往是一种有精神指向的现实活动，关涉双方参与者的整体形象。之所以要身体到场，是因为这里的人际交往指的是直接交际。如果有精神的参与，那就是实际的交往活动，即三个意义并存的交际活动：其一，传达情感和思想；其二，沟通关系和心灵；其三，传播经验和影响。图1是笔者给出的跨文化现象学模式示意图。

交际从视觉觉察开始。当甲把目光投向乙时，其意向性便已经指向对方。此时，乙的形象便作为表象映射到甲的头脑中。这一形象本身与乙的真实形象并不完全吻合，因为它归根结底是甲的意识的产物。与此同时，乙在头脑中也产生了甲的形象，正是由于甲通过类推作用得知乙的头脑里发生了与自己类似的意识构造活动，并经过一定的努力想象自己在对方头脑里的形象，才将这一形象反射回来形成带有自我评价形式的形象。A_2 也可以由 A_1 直接产生，但一般至少需要与 A_3 比较才能清晰深入，并使甲感觉到 A_2、A_3 与 A_1 的差距，以及进一

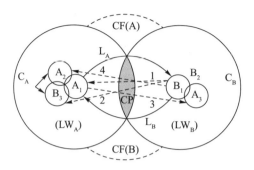

A₁:交际者甲   B₁:交际者乙

A₂:甲的自我形象   B₂:乙的自我形象

A₃:乙意识中甲的形象   B₃:甲意识中乙的形象

L_A:交际语言甲   L_B:交际语言乙

C_A:文化甲   C_B:文化乙

(LW_A):生活世界甲   (LW_B):生活世界乙

CF(A):交际场甲   CF(B):交际场乙

CP共感场

图1　跨文化现象学模式示意图

步与 B₁、B₃ 相比较所产生的对照和对立关系。在图1中，虚线箭头表示运行方向，号码表示意向性往返的先后顺序。

诚然，这些形象构成复杂的跨文化交际关系网，但形象不仅仅是个人的形象。在一个较高级的层面上，个体形象可能会累积起来或者叠加起来，构成一个民族的群体形象，而这些形象的背后，有着更加复杂的文化价值观的投射，拖着人类特定社会生活的影子。以往的经验可能会汇集起来，进入当下的形象感知和构成过程。一切形象都源于对自我与"他者"、本土与"异域"关系的自觉意识之中。事实上，形象是对一种文化现实的描述，通过这一描述，塑造（或赞同、宣扬）该形象的个人或群体揭示并表明自身所处的文化、社会、意识形态空间（巴柔，2001）。

在跨文化传通的过程中，胡塞尔说"每一个感知都意味着对对象本身的或直接的把握"（倪梁康，1994：62），而且由于想象的参与，感知与想象相结合而产生出上述各个形象。事实上，经过甲乙双方这样的双重的感知和想象作用，并经过意象的双向的投射和反馈途径，跨文化传通过程中的形象已不可能是单一的，而只可能是复合的了。进一步而言，即便是从交际者一方来看（事实上，这里的双方都是从自己的角度出发来进行形象感知的），上述各组形象及其意义之间的差距都是不言而喻地并存着的。即便不强调后现代视域中的差异大于同一性的哲学观点，现实生活中的差距或差异也是普遍存在的。差异是跨文化交际的基本事实，而正视差异是一种基本的态度。

> 正视差异有三层意思：其一，将差异本身看作交往关系不断再生的源泉；其二，对不可克服的差异给予足够的尊重；其三，交往主体并不囿于差异而静态地保持自身。（王鸿生，1995：34-35）

从跨文化交际过程中可以发现，这里实际上存在着三个方面的差距。首先是交际者本人因素造成的差距（个人差距，即纯粹个人意义上的差距，例如身体、性别、年龄、职业、角色、教育以及气质等），其次是交际过程中双方行为造成的差距（交际差距，即个人或集团在特定环境下的代表的身份、个人交际行为和语言才能及其与对方的差距等），最后是双方各自的文化异质背景造成的差距（背景差距，包含上述各个层面的差距中的背景部分，例如国家的强弱和贫富、个人所代表的国家或集团的形象和使命等）。这些不同层面和类别的形象差距及其心理效应一般具有从变动趋向稳定的性质。要而言之，个人差距的感受性比交际差距的评论性要多一些变动的性质，而文化差距的评价性则较前两者更加具有趋于稳定的性质。这实为文化认识的稳定性（刻板印象等）和个人印象的变动性所使然，而交际情景和过程则是居间的事实，其评论性（有一定程度的模式和可变性）具有介于二者之间的性质。

纯粹个人意义上的感知评价虽然可以不属于跨文化传通的研究领域，但作为一般传通领域的研究，个人感知显然也具有最基本的意义。尤其是在跨文化传通过程中，异文化个体之间的吸引和拒斥的强度都要大些，因此造成误解和理解的程度也要大些。交际差距也像一般人际传通中那样呈剪刀形态逐渐展开，并通过当下的学习和让步而趋于合拢。伴随着个人形象和集体形象的形成（从文学到文化学上的形象学的意义），偏见和刻板印象也在形成并且随时在起作用。所以，在跨文化交际中的双方又通过自我表露和掩饰的双重机制，渗入更多的文化攻击和文化防卫的性质。而文化差距的产生，在跨文化交际中则有异乎寻常的特殊作用，它不仅表现为交际者的认同依据，通过交际行为所反映的文化意义，以及文化作为交际过程本身的习得对象，而且表现为（也许是最重要的），文化乃是作为感知过程的先在结构，甚至是作为感知和评价的工具而介入交际过程中的。换言之，文化是一副眼镜（恰如图 1）。它有屈光、遮掩与透视等多重作用。正是这一层文化涵义，使得跨文化传通学中的形象感知、交际评价和文化评价本身，对交际者双方而言，都具有前感知和前理解结构，决定了或调节着双方的交际行为和心理过程。在这个意义上，面部表情便成为人文的文化符号，对它的认识也具有更深的、抽象的符号学意义：

> 面容成为符号之后，它的关系范围立即超出了个人躯体——面容很快被组织于种种更大的符号体系之中，面容的意义必须接受这种符号体系的规范。如同解读一个语句必须谙熟相应的语法一样，识读面容同样必须谙熟相应的代码……面容并不是单纯地向外部社会展示个人，它同时驱使个人卷入外部社会的编码。换句话说，个人凭借面容镶嵌于文化网络之中，从而使肌肉、内脏和骨骼组成的躯体为社会文化所确认。（南帆，1996：98-99）

值得一提的是，在跨文化交际中，直接的人体符号学的认知因素只是其中的一种因素。各种因素综合考虑，便构成了身心学（somatics）这样一种新颖的概念。在这一过程中，个体身心学（idiosomatics），即将交际者个体视为自主的创造者的思想，以及意识形态身心学（ideosomatics），即强调特定交往共同体中社会文化和意识形态对个体的模塑与规范作用的思想，都是值得专门研究的。

单就外在的情境因素而言，能够影响交际者行为和心理的文化因素究竟有哪些呢？

笔者以为，虽然在一般文化交流意义上的流动方向和趋于平衡的结局，以及对异族文化的认识评价乃至接纳甚至拒斥的态度，都是不可忽视的因素，但是在交流的层面上，真正影响持久而重大的乃是两种文化卷入其中而形成的力量对比，以及这种对比所产生的心理影响。在理论上，就势必涉及强势文化与弱势文化的概念，在考察交际双方势力和策略的时候，这是一个关键因素。不过，这一对概念需要厘清。针对当下许多人不加区分地称西方文化为"强势文化"，称中国文化为"弱势文化"的情况，笔者提出，强势与弱势只能是相对概念。"强势文化"必须具备下列三个条件（王宏印，2006：179-180）：

（1）历史渊源（heritage）：悠久的历史和丰厚的文化资源，保证了一种文化的气脉生动有力和影响持久深远，例如印度文明、希罗西欧文明和中华文明，都是具有悠久历史和丰厚传统的文明。

（2）综合实力（power）：在当下的交际和交流过程中，应显示出强盛的综合国力和持久的影响力，例如西欧和北美发达国家所产生的近代文明影响，使其在世界事务中始终处于主动地位和积极态势。

（3）心理认同（identity）：处于交往状态的主体在文化心理上要有明确的认同感和较强的凝聚力，对自己民族的文化价值观和信念系统抱有信心，同时也要能够尊重他人的文化价值观和生存方式、思维方式与交际方式等。

3. 背景透察与生活世界

作为跨文化传通的较深入的标志和次级层面，背景透察与交互主体性的确立及其对生活世界与文化背景的本质观察密切相关并相互影响。在图1中，围绕交际者双方的感知域的圆，既表示各自代表的文化又代表生活世界，构成一个带上场来为另一方间接推知的世界知识。它与语言和非语言交际的过程一道展开并逐渐深入到双方的意识领域的核心部分。海尔德在评价胡塞尔

观点时说，

> 人们原本可以说是忘却自身地在一个共同的自身中生活，他们从这种共同性中脱身出来之后才作为他人或者甚至作为他物而相互相遇。（倪梁康，1994：153）

在跨文化传通中，这一脱身过程就是脱开原来所属的文化甚至生活世界（在图1中二者是不加区分地用一组形象周围的圆来表示的），从而进入一个并不属于自己的文化和生活世界的交际场，得以同另一个同样脱身而出的交际者相遇并开始交际的。即便并存于对方所属的另一文化和生活世界里，但也必须部分地、程度有别地脱离开自己的生活世界和文化，这是跨文化交际的前提。故所谓脱身即指进入跨文化交际的视域的交际者双方都在某种程度上或在某种意义上带有一点儿"中性"的性质，它是通过自身显现为在场的。对对方文化与世界的透察与之在方向上倒逆，而在过程的性质上并无特别的差别。因为在现象学的视域中，文化和生活世界都无法具有物理世界意义上的实体性质，它们乃是意识活动的构建物，并作为谈话的资料和背景而显现——除非在一个极端的语境化的意义上，才可以说人们原始地生活在那个真实的（authentic）世界里。

需要指出的是，虽然图1没有明确展示出文化与生活世界的区分领域，但并不意味着二者在概念上无法区分。除了需要指出的文化的三种涵义即认同依据、行为意义和认识对象以及作为感知工具的"眼镜"的比喻之外，文化还可以表示跨文化传通的情境性。也就是说，虽然现象学意义上的文化成为观念的存在，但在传通学意义上，文化又可以成为交际情境。这就是说，跨文化传通毕竟要在某一文化的情境中进行，由此形成某一文化的相对有利和不利的情况。在本族文化情境下的跨文化传通对其交际者而言乃是主文化（host culture），相反则是客文化（guest culture）。一般说来，作为主文化的一方的交际者在跨文化传通中处于有利地位，即"客随主便"，但在主文化较弱而客文化较强的特殊情况下，则会形成相反的情况，即"反客为主"。

构成主客文化区别的要素之一是交际过程中正在使用的语言（参见图1中沟通交际者形象的两条带箭头的弧线，即L_A和L_B）。虽然语言本源地被嵌入文化背景和认识的机制之中，但在这里需要将语言从文化中分离出来，让它单独承当交际工具的作用（体态语言作为辅助的工具就不必专门提起了，虽然它在跨文化传通学中是一个十分重要而又极易引起误解的领域）。本来，这一交际工具的作用或功能是不言而喻的，但在跨文化交际的实际语境中，使用哪一种语言却具有构建言说者身份和强化其文化背景的双重作用。但这种论述是以假设交际者双方都会使用自己和对方的语言为前提的，同时也默认一种文化只能用自己的语言来讲才是最"称职"的（语言相对论者的一种观点），与此同时，也省去了翻译的麻烦。倘若荡开一点来说，没有跨文化交际的经验，几乎不可能经历下面第二种状态下的语言问题（诗人或其他语言革新家可能是例外），至少在跨文化交际的语境下会不可避免地出现第二种状态：

> 从根本上看，人只能两次遭遇语言：第一次，他被抛入语言，在一种既成的、先他而在的语言中模仿或重复；第二次，他是跃入语言，为呈现或破译语言深处的梦想而进行冒险。对于多数人来讲，是只有第一次而没有第二次的，这并不是因为他们不够勇敢，反倒是因为他们从未在失语的痛苦中战栗过。（王鸿生，1995：139）

> 需要指出的是，以上关于主文化与客文化的区分与跨文化研究中的主位方法（etic approach）与客位方法（emic approach）的区分不具有相应的关系，而且涵义也完全不同。主位方法指的是从某一文化的内部去看，而客位方法指的是从某一文化的外部去看它。当然，在跨文化的研究中，这两种方法可以转化和结合，关键取决于研究者的态度和观

点……这里实际上已经涉及跨文化传通中的视域融合问题了。（王宏印，2012：298）。

生活世界的概念在胡塞尔现象学和哈贝马斯的交往理论中具有明显的不同。在胡塞尔那里，"生活世界应当是作为主体的自我所构造出来的视域的总和，即世界视域。这里的主体在开始时是一个单独的主体，而后进一步展开为交互的主体。生活世界的形成过程是由一个主体到客体和交互主体以至整个自然的和社会的生活世界的构造过程"（倪梁康，1994：354-355）。而在哈贝马斯那里，生活世界是作为交往行为的互补概念而引入的，并同交往意义上的交互主体性问题发生了更密切的关系。作为"非客体性的，被设定为前提的"生活世界的知识具有三种特性（倪梁康，1994：350-352）："直接性"，即以无中介的确然性的方式为背景；"总体化"，即个体的生活历史和交互主体共有的生活形式都一同交织在生活世界的结构之中，并且一同参与着对生活世界的总体化；"整体性"，即生活世界原本是一个不可分割的整体，唯有作为客体时才不再是背景而成为对象。

显然，在把生活世界纳入跨文化传通的领域之后，生活世界就不是一个而是两个或多个了（明显区别于一般的交往活动）。一个比较好理解的理由就是，交际双方生活在不同的文化氛围里，因而不可能共享同一个生活世界。这样，哲学上生活世界的整一性就被打破了，也即人类文化作为一个统一连续体的概念也在根本上被打破了。从理论上说，不打破这些概念，就无法进入跨文化交际的学科领域，因为这个学科是以不同文化的存在和文化差异的绝对性为前提而设定的。生活世界的概念本身也发生了变化，在交往过程中逐渐获得了双重建构和双重意蕴的品质。己方是以有目的的、自我表露的暗示来建构自己的生活世界的，往往用回忆和思考来指向对自己有利的观念图景的形成。对方却是以认识和评价己方的行为背景和交际动机为主要目标的，把这些主观线索联系起来，形成一个整体，便可构拟出一个貌似真实的、可理解的（或部分可解释的）生活世界。跨文化交际中的生活世界，既区别于文化，又区别于任一交际者主体所陈述的自己的生活故事。简而言之，生活世界具有广狭两义。广义的生活世界等同于讲述者所在的文化圈，狭义的生活世界则比文化圈小，专指交际者所在的生活圈。生活世界的核心应当是交际者所讲述的个人的生活故事，其叙述的真伪和流露的多少则有相当的区别。这样，交际者本人的形象就在流露一部分（永远不可能是全体，也不可能完全是无意识的流露）生活环境和生活经历的过程中建构起来了，也是在倾听一方的头脑里经过感知和想象建构起来的。

> 因此，我们谈论的世界不是一个没有人而依然如此的世界，也就是说我们不能没有任何一个"观点"而依然能够描述世界，相反，我们谈论的世界是一个融合了人的活动方式的自然，一个在认识关系的活动中成为的世界，而不是一个与人的活动方式无关的世界的自在显示。……人的活动和自然的物质活动是纽结在一起的，它们一起构成视域，也从这个视域中显现出来。与自然的物质活动一样，人参与了人在其中的世界的形成和塑造，世界始终是未完成的。因此，我们的世界——即在认识的实践活动中被我们理解的世界——是一个相关性的世界，一个"间－世界"，一个在显现活动所勾织的视域中表现的世界，它在事物和事物之间，在事物和人之间发生和形成。这才是世界真实的存在论方式，而纯粹客观的世界或主观的世界不过是这种方式的一个观念上的设定，是一个为了追求确定性的、片面的阿基米德之梦。（李恒威，2007：75-76）

尽管如此，人作为交际主体仍然具有独立的至关重要的作用，虽然现象学的观念中主客体已经无从分离。可以说，交际主体的形成与交际客体的形成在跨文化传通的过程中几乎是同时开始而相互促进的，二者又可归并为交互主体性的形成。跨文化传通中的交互主体性本质上是一种关系。它产生于特定的交际场中，产生于交际者双方感知互动的过程中，并与交际者形象的感知评价密切相关。当一方意识到自己拥有交际主体（I）地位，将意识投向对方的时候，便将对方作为客体加以对象化（you），这一过程与语言的指向呈同一方向。而在反思自我的时候，他才意识到自己同时也是意识的客体（me），如同一开始就意识到自己是交际主体一样，但这里未必需要语言的指引。作为客体的自己（me）还有另一层意思，那就是作为对方语言指向的对象而成为对方指谓中的对象（you）。在一来一往的语言交流过程中，交际主客体不是单纯地，而是异常复杂地同时在一个人身上建构，并且将对方也纳入和己方一样的地位（或者说设身处地），意识到对方也是主体并且潜在地具有和自己相同的主客体结构。如果说，迄今为止，人际关系无非是各自独立的西方式关系和人我不分的东方式关系，那么，这里提出第三种关系形式。

> 第三种关系形式则是以拒绝个体性的占有为标志的。它一方面承认主体间存在着的差异和界限，另一方面也尊重内在于主体自身的认同需要和交融渴望；它既不放弃克服差异、跨越界限的努力，又不把希望全部寄托在任何一个具体的个体身上。它在交往中引入了一个积合性概念——我们（我×你……），从而突破了个体自我的局限性，把每一个交往者都纳入了一种宽松而开放的格局之中。（王鸿生，1995：347）

在这样一个开放的格局中，交际者双方自然有较好的地位和认识，其互动关系也会有相当的发展前景。然而，只有当交际者始终从己方出发又能深入对方的主体和客体结构，并且意识到双方都有平等的交往资格和权利的时候，交互主体的问题才可以说有了初步的概念基础了。可见，交互主体性在这里显然有别于胡塞尔现象学的界定，即回答个体如何实现与他人对世界的认识达到共同的普遍性知识的问题，却类似于哈贝马斯交往理论的说法，即认为交互主体性作为社会哲学概念，其中心课题是主体与主体的联系和交往。不过，由于跨文化交际的极端复杂性，这些概念毕竟是不同的，关键的区别在于，它是在跨文化传通的基础上实现其建构意识、交流思想、融合视域的三重功能的。

4. 视域融合与共感场

说起"视域"，我们必须引出伽达默尔的"视域"概念。不难理解，"视域"是一个比喻性概念，是把人的认识空间化和视觉化的一种说法。

> 视域就是看视的区域（Gesichtskreis），这个区域囊括和包容了从某个立足点出发所能看到的一切……一个根本没有视域的人，就是一个不能充分登高望远的人，从而就是过高估价近在咫尺的东西的人。反之，"具有视域"，就意味着，不局限于近在眼前的东西，而能够超出这种东西向外去观看。（伽达默尔，2004：391）

由此看来，似乎伽达默尔的视域是外视域。其实，从心理学角度而言，还必须具有内视域。大体说来，外视域偏重空间性认识，即对外部世界的认识，而内视域侧重时间性认识，即侧重内省的自我的认识。梅洛-庞蒂说明了第二种视域。为了看清对象，必须悬置周围的东西，必须把人们在图形中看到的东西退到背景中，因为注视对象就是专心于对象，因为物体形成了一个系统。在这个系统中，如果不把其他物体隐藏起来，一个物体就不能作为对象显现出来。更确切地说，除非周围物体形成视域，否则，一个物体的内部视域不可能成为一个对象。因此，视觉是一个具有两面性的活动。（梅洛-庞蒂，2002）

从图1可以看出，由交际者双方的语言交流所形成的交际场及其中央沟通部分所形成的心理共感场，代表交际效果的理解和解释的现象学表述——视域融合。具体说来，这个视域融合包含了交际者任何一方从本文化出发向外"发出"的视域的全部，反之亦然。当然，与此同时，也包含了各自对自己形象的反省和内视，而两者之间就会形成各自的交互和重叠的部分，也就是所谓的共感场。这三个部分的结合就构成跨文化传通学的总体理论图景。因此，这一节视域融合与共感场的论述，也就标志着跨文化传通的现象学模式在理论上的完成。

视域融合既可以作为跨文化传通的较高阶段，也可以表示跨文化传通的实际效果。视域融合虽然是一个借自伽达默尔解释学的术语，但与其原意却有着重大区别。在伽达默尔的术语中，视域融合指的是解释者本人（在当下）与作为传统的文本的历史视域在解释过程中的融合，而在跨文化传通过程中的视域融合却是指交际者双方在同一个共感场基础上所达到某种共识，它是言行上配合默契的基础。另外，我们也可以把视域融合这一新的理解和解释奠基在胡塞尔现象学的视域概念基础之上。在胡塞尔那里，视域指一个人的目光（或意向）所及的领域，它可以随着个人在时空中视点的变换和移置而发生变化，使个人可从本质上直观真实存在或假定存在的事物。我们也可以结合跨文化传通的实际情况，将视域分为不同于胡塞尔意义上的内视域和外视域两种。我们认为，外视域是交际者一方将目光投向对方时所产生的整个视域，其中包括形象感知，文化认同及生活世界的重构，实际上是这三者的结合状，并且是一个推己及人的过程。内视域则是交际者周期性地把目光或意向回置收敛到自己一方，它以外视域的产生为前提，使自己得到某种当前化、陌生化的重新认识，即反求诸己。所谓视域融合就是指内外视域的融合，也就是在一个交际者自身的收放自如的视域融合。

然而，跨文化传通中的视域融合并非只具有空间性，它同时也带有时间性。正是这一时间性使得视域融合在一个较高层面上化为一种体验。其中既有对过去的保留，也有对未来的"前展"，二者在体验的合流中使得新质与旧质归于当前化的生命体验，其经验本身又转化为推动此合流的中介和动力。"理

解始终是这些被误认为是自为存在的视域的融合过程。"（倪梁康，1994：270）
这一理解过程，即融合过程，又始终存在着陌生化与熟悉性、意指性与所属性
之间的张力，正是这种张力产生了时空交融的意义运作过程中的分延，或延
宕，或播散。播散置身于开放的分延链条中，它并不意指什么，它产生出不确
定的语义效果，既不追溯原始的在场，也不神往将来的在场。总之，播散标志
着生衍的多样性，意义的不确定性与不可逆转性，以及无限繁殖的能力。这
样，现代传通过程中的意义问题就昭然若揭了：

> 一方面，一个意指系统中，意义无一不是从它
> 同无数可供选择的意义的差异中产生；一方面，由
> 于意义不可能是拥有自明性状的绝对呈现，其确定
> 指向便向四面八方扩散开去，一环环延宕下去，由
> 一种解释替代另一种解释而永无到达本真世界的可
> 能。（陆扬，1998：译序，13）

分延的克服始终是不完全的，如同理解本身不可能是百分之百原本的和准
确的一样，因为跨文化传通的"效果史的理解"最终要受制于特定文化的传统
惯性的作用，而解释（即释义）是对已理解事物的释义。海德格尔说："释义
建立在理解之中，而不是理解通过释义而产生。"（转引自倪梁康，1994：180）
可见，同样是过程，理解比释义具有更异质同化的本源意义。跨文化传通中的
理解不仅是一种双向的运作，它筹划着它的朝向可能性的存在，而且将"这些
可能性作为开启的可能性反冲到此在之中"（转引自倪梁康，1994：179）。

由此观之，跨文化传通中的视域融合不仅是交际者双方内视域与外视域的
反复构成和融会贯通（感知），也不仅是两个原本各自独立的生活世界作为背
景的透察和勾连以及二者之间不断变换为内外视域的交融（透察），而且是两交
互主体在语言的中介作用中和双向的意识交流中，从各自所在的交际场出发不
断缩小物理差距与心理差距，向着两个交际场之间相切相叠的焦点——共感场
无限逼近的过程（融合）。在这一感知、透察和融合所构成的整个跨文化交往

过程中，语言的作用是始终一贯的、构成性的、勾连性的，并且与理解和解释过程统一。因为如伽达默尔所说："在理解中发生的视域融合乃是语言的真正成就"（转引自倪梁康，1994：288）。由此回到我们对语言与对话的可能性的理解和解释上。

何谓对话？在我看来，对话即思想，即精神交流本身。它可能在一个人内心进行，也可能在几个主体之间形成，哪里有不同的声音，有话语的分裂、碰撞和交切，哪里就有对话，就有无法被目击的思想在运动。

由此可以相信，对话的存在依据是差异，任何一种对话都必须起自"他者"的出现。当然，这个"他者"，不仅指他人，亦指异己化了的自我，即一个因同时拥有几套话语而自行分离的主体。差异本也存在于自身。

从建立对话的可能性来看，我们每个人都必须既是自己又是一个"他者"，这样，对话过程只能双向地展开，"我"不得不一面与他人交谈，一面又与自己交谈。

……对话的参与者即每一个话语主体的立场，便具有一定的假设性、可移位性。只有这样，我们才可能获得表达的自由，才不是在翻译一种既定的（哪怕是自己的）想法，而是在吸收与流动中去修改、深化和完善各自的想法。

……是的，在并非隐喻的意义上，我们的确在对话中听见了思想……我们的确可以说，整个生活就是一场巨型会话；因此，巴赫金关于对话的不对称性、不协调性、不可完成性的论述，也正提示着

生活和历史潜在的向无限开放的可能性。（王鸿生，
1995：152-154）

    但是对话这一语言成就的要点并非在于语言的"不是蜜，但是可以粘住一切"的俄罗斯谜底的揭示，也不完全在于语言构成意识、勾连世界和沟通心灵的全知全能的神秘力量，而在于语言在跨文化交往中的有所选择、有所偏向、有所倾斜的"非公平"性质。尤其是对用外语交际的跨文化传通者来说，就更是如此。但也正是这一点使得本族语原先建立的文化防卫的坚固围墙逐渐崩塌，从而使得自我周围向外开出的接纳异族文化的开放视野得以形成。这一开放视野的形成，无论是对跨文化传通中的听者与说者，也无论是对跨文化传通中的理解与解释，都是一个奠基在视域融合基础上的人类理解的基础所在。

    当我们把视野收回到两个视域之间的一个交际双方共同拥有的世界——共感场的时候，我们发现这一神秘的领域乃是一个充满了诱惑力的无限美好的领域。但是，因为它的复杂性和前瞻性，我们觉得仍然有必要就此做一些解释。首先必须指出：这样一个共感场，与交际者各自所拥有的交际场（和主文化、客文化密切相关的具体的交际场所）相比，是一个比较虚拟的、在心理感觉层面上存在的共同领域——无论交际者处在何种具体的交际场所中。归根结底，它的存在，包含了人类的语言共性、人类共性和世界大同的崇高理想，而它的理解基础，则是人与人之间的真诚相待和同感理解。下文将从三个方面展开论述。

    （1）语言共性

    虽然从表面上看，人类语言是千差万别的，但是在构成心理事实的层面上和建构外部世界的过程中，语言与心灵及世界的同构关系，却在发挥着异乎寻常的作用。如果由此可以证明语言共性的存在，那么，非语言（尤其是体态语言）的共性也可以间接地得到证明（基于人类机体的构造相似，人们居住的世界相似，以及人类感知与表达世界的原理相似这样一些共同的东西）。

    当然，在理论上，跨文化交际过程并不能直接证明人类语言共性的存在（倒是更容易看出语言之间的差异），而是证明在人类的跨语言交际中，可以

达到一种共识，就是通过不同的语言交往，可以认识到人类不同的思想可以在不同的语言中得以体现，而人类不同的语言个体，也可以具有与之相同的认识水平。

> 具有语言和行为能力的主体用共同的生活世界作背景，就世界中的事物达成共识。相对于语言中介而言，他们既是自律的，又是依附的：他们能够把使他们的实践得以可能的语法规则系统据为己用。两个环节同源同宗。一方面，主体一直都出现在一个由语言建构和阐释的世界里，并且依赖着合乎语法的意义语境。就此而言，相对于言语主体，语言只是一种前提和客体；另一方面，由语言建构和阐释的生活世界的立足点在于语言共同体中的交往实践。在交往过程中，语言所建立起来的共识取决于交往参与者对待可以批判的有效性要求所持的肯定或否定立场。有了语言建立起来的共识，时空中才能形成广泛的互动。（哈贝马斯，2001：41-42）

不难理解，上述表述并非和我们的思想完全相同，那就是，虽然人类生活在不同的语言世界里，但不同的语言世界却可以指向一个共同的人类世界，而所谓的语言共同体也不是原来意义上的囿于本民族语言的语言共同体，而是人类跨语言的（即语际之间的）语言共同体了。

（2）人类共性

人类的共性可以在一个共同的名称下得到证明吗？是的。首先，在与动物相区分的意义上，人类的存在在伦理上高于其他一切生物。其次，在人类自身，无论是个人的、集体的抑或是国家的差别，以及性别的、阶级的抑或种族的差异，都不足以将人类的共同性抹杀。最后，在神明庄严的法相下，人类整体以自身的名义独立存在，相互依存，也就证明了人类共性或共同人性的存在。

不过，在跨文化交际中，人类的个体来自不同的文化背景和生活世界，但可以构成一个共同的交往的社会（即哈贝马斯所谓的"社会世界"），其中的人类交往，就言说方式和言说内容而言，体现为一种共同的文化（跨文化的）规则，而就其交往动机和真诚性而言，则可以指向一个交互主体意义上的世界，即跨文化、跨语际的交往空间的形成，在其中：

> 一个成功的说话者必须使其发言的命题内容能够符合事实，而且必须使听者相信说话者的诚意；此外，说话者必须使听者知道其发言的命题内容是符合社会的规范系统的要求的。这样一来，说话者与听者才有可能形成互为主体的沟通关系。（李英明，1986：115）

毋庸讳言，真正的人类共性，即本性上的共性，是一个认识上的假设。人们必须在接触和交流中认识它。在实际交往过程中，人们可以抵达的是心灵的接近和理解，而不是一切差异的消失。经过以心交心的努力，可以获得的是人与人之间的相互理解和心理的、行为的解释，而不是对是非和善恶的割断式的划分。超越差异，达到共同点的认识，是双方的交往诚信以及交往规范形成的过程，而交往规范，其实类似于国际公约（不同群体都认可，包括格式、条款和内容），是一种相互尊重的态度和良好的合作目标的达成。这样的达成需要一种认同：

> 认同归于相互理解、共享知识、彼此信任……认同以对可领会性、真实性、真诚性、正确性这些相应的有效性要求的认可为基础。（哈贝马斯，1989：3）

（3）世界大同

世界究竟是一个共同体还是一个四分五裂的存在？也许在历史、现实与未来的交汇点上可以找到思路。从远古人类分散在地球各地而不相知，到如今已经形成了一个地球村，再到将来世界大同的实现。人类跨文化传通的最高理想便是，传通不仅是经济的、政治的，而且是伦理的、交互的。在这个过程中，人们跨越语言和文化的边界，相互了解和理解，最终和谐相处、互通有无，达到一个和平共处的幸福的人类世界。而要实现这一理想，从跨文化交往的角度来说，就有待于一种国际规范的确立和一种共同语言的形成，一种既能包含每一个人在内又能兼顾每一个他者的交往的世界。哈贝马斯说：

> 作为一种规范话语论证的参与者，每一个人都立足于自身，但同时又植根于一种普遍的关联之中……通过话语活动取得的共识既有赖于每一个个体不可替代的"是"或"否"，又取决于个体自我中心立场的克服。没有对可批评的有效性要求表明态度的绝对个人自由，实际达成的共识便不具有真正的普遍性；而没有人人为他人着想的态度，要达成一种获得普遍赞同的解决方法亦是不可能的。
> （转引自章国锋，2001：55）

这样一个理想的、美好的世界，是一个人类在交际中双方趋同的产物，这种趋同不仅在思想认识上，而且在交流的过程中。西方古代有个寓言，说人最早是四腿、四手、四目的动物，但神明嫉妒它的能力，于是将其一分为二，人类的男性一面和女性一面从此分开，各自再寻找自己的另一半。这个古老的寓言，正好适合我们跨文化交际的意图：东方文明向西方文明靠拢，西方文明向东方文明靠拢，一个互助友爱的、和谐的国际社会有可能产生在这样一种新型关系中。

在这个家园里，一切偶像崇拜，一切权力占有欲，一切专制、狂妄、粗暴、贪婪、自私、怠惰、猜忌、鄙俗和伪善，都没有立锥之地，都会遭到反抗、拒斥或感化。

在我们中，每个人既是君主又是扈从，既是呼告者又是聆听者，既是葱茏的树木又是无语的土地，既是熊熊燃烧的火又是那双烤火的手。如同星罗棋布的天宇，我们的世界有秩序、无中心，有界面、无限度，在它的浩瀚背景里，每一颗星座都有自己的位置，都是互相环绕着运行，互相映射着闪耀的。

一旦投入我们的怀抱，生命就会感到安全，感到坦达，感到活力的丰沛与充盈；一旦远离了我们，拆解了我们，能量无法交换，消息无法传递，生命就会感到紊乱、寒热和枯寂；一旦我们抵临，人与物、人与人、人与神便格外亲密起来，响应起来；一旦抵临我们，人便能消除敌意与世界和好如初，便能目不旁涉地穿越虚无并心怀慈善地迎候万有。（王鸿生，1995：348–349）

这是人类最后的家园。欢迎你，朋友，来加入我们的家园吧。

参考文献

- 巴柔.形象学理论研究：从文学史到诗学//蒯轶萍,译[C].孟华.比较文学形象学.北京：北京大学出版社,2001:197-222.

- 哈贝马斯.交往与社会进化[M].张博树,译.重庆：重庆出版社,1989.

- 哈贝马斯.后形而上学思想[M].曹卫东,付德根,译.南京：译林出版社,2001.

- 海德格尔.存在与时间[M].陈嘉映,王庆节,译.北京：生活·读书·新知三联书店,2006.

- 胡塞尔.纯粹现象学通论——纯粹现象学和现象学哲学的观念：第一卷[M].李幼蒸,译.北京：商务印书馆,1997.

- 胡塞尔.哲学作为严格的科学[M].倪梁康,译.北京：商务印书馆,1999.

- 胡塞尔.生活世界现象学[M].倪梁康,张廷国,译.上海：上海译文出版社,2002.

- 胡塞尔.逻辑研究：第二卷第一部分[M].倪梁康,译.上海：上海译文出版社,2006.

- 伽达默尔.真理与方法——哲学诠释学的基本特征：上卷[M].洪汉鼎,译.上海：上海译文出版社,2004.

- 李恒威."生活世界"复杂性及其认知动力模式[M].北京：中国社会科学出版社,2007.

- 李英明.哈伯马斯[M].台北：东大图书股份有限公司,1986.

- 梅洛-庞蒂.知觉的首要地位及其哲学结论[M].王东亮,译.北京：生活·读书·新知三联书店,2002.

- 南帆.面容意识形态[J].天涯,1996（5）:98-110.

- 倪梁康.现象学及其效应——胡塞尔与当代德国哲学[M].北京：生活·读书·新知三联书店,1994.

- 陆扬.译序[M]//乔纳森·卡勒.论解构：结构主义之后的理论与批评.陆扬,译.北京：中国社会科学出版社,1998.

- 王鸿生.交往者自白[M].北京：东方出版社,1995.

- 王宏印.文学翻译批评论稿[M].上海：上海外语教育出版社,2006.

- 王宏印.现代跨文化传通——如何与外国人交往[M].天津：南开大学出版社,2012.

- 章国锋,关于一个公正世界的"乌托邦"构想：解读哈贝马斯《交往行为理论》[M].济南：山东人民出版社,2001.

第三部分

无本回译与典籍翻译

导　言

　　本部分共收录四篇文章。前两篇论述中提出的异语写作与无本回译理论，旨在运用语言与文化的符号学错位，打通写作与翻译的僵硬边界，观照华语世界乃至多语种世界沟通的可能性。第三篇关于中国各民族典籍翻译的文章，重点讨论了中国少数民族与汉族的"四大落差"，企图建立中华文化的整体观和发展观，达到民族团结和共同进步的目标。最后一篇讲中华文化典籍翻译的三个阶段和三重境界，整合了"轴心时代"的汉族本位基础、"扩充时期"的民族文化多元发展，以及近世以来中华民族面向世界迎接挑战的"崭新时代"。该篇呼应了异语写作与无本回译理论，进而呼应了文集首篇分步实施中国译学走向普遍译学的宏伟构想。

　　林语堂用英语创作的 *Moment in Peking*（张振玉回译为《京华烟云》），激发我提出了异语写作。他提出的问题涉及一种语言是否可以写作其他文化内容或文学的问题。其实这一问题，我在文化的分层理论中已经先行提出了，只是在这里进行个案讨论或以例子来证明。下面的问题是，这部英文作品先后有三个回译本，该如何看待和研究它们。我提出了无根回译理论，并指导博士生江慧敏做了专题研究，在答辩过程中，改为无本回译。只是没有原来的汉语创作本，并非没有根据，这个根据也可以理解为中国文化。如今学生毕业了，专著也出版了，我为之写了序言，产生了一定的影响。如果进一步把无本回译（基于《京华烟云》）和古本复原（基于《蒙古秘史》）相联系，就可以发现一个十分有趣的现象：一个是明知道有原本而又永远缺失了，至今还在利用考古学和文字学的线索复原这个本子；另一个却是明知道根本不存在一个原有的本子，却要通过翻译返回，找到一个理想的本子。二者差不多要首尾相接了，却又永远不能相接，像一条永远不能首尾相接的蛇——思辨领域里的逻辑之蛇。

这期间，我进一步考察了中国文化典籍和主流作品的走向，发现从古到今，有从古代的宗教哲学典籍（如先秦典籍）经过史传文学（如历史小说）向虚构文学（以近现代小说为主）逐渐过渡的大趋势，乃觉得这一现象值得特别关注。这个思路，被我整理成一篇长文，曾在北京大学召开的世界汉学家翻译大会上宣读，得到会议的认可，此理论也被纳入大会总结报告，传出国界。后来，应《上海翻译》之约，我将这篇长文章分为两篇，分别加了标题，并补充了汉学家高罗佩《大唐狄公案》系列侦探小说及其翻译的内容。这两篇文章进一步发展和完善了这一理论，并试图将它提升为一种可以概括更多同类作品的创作与翻译现象的普遍理论。目前看来，已基本实现。该理论在国内实际上已被普遍接受，并有两个已获批准的国家项目应用该理论进行研究，其成果需要跟踪研究，非本人所能及。

第三篇文章《中华民族文化典籍与翻译研究——"四大落差"及思考基点》，相关内容最早出现在本人专著《中华民族典籍翻译研究概论——朝向人类学翻译诗学的努力（上、下卷）》一书中，后来应《民族翻译》杂志之约，进行了大量扩充和改动，因为篇幅太长，分三期发表完。其实，我的民族典籍翻译研究始于对世界民族问题的关注。我发现民族问题已经和宗教问题、文化问题等密不可分，需要专门研究。加上在留学期间我对多民族国家问题也有关注，而国内的国学研究和国际的汉学研究，大部分仍限于对汉族、汉语、汉文化的研究，需要扩大视野，进行综合研究。从汉语典籍转向民族典籍翻译研究的前提，当然是要同时关注汉族文化和少数民族文化之间的关系了。我考察古今各民族之间的文明形态、民族典籍、文学表现、翻译传播途径等方面，发现存在着四大落差：时间和时代落差、文明和文化落差、文学和文本落差、翻译和传播落差。

迄今为止，这一理论仍处于理论提出的阶段，虽然有了初步的论证，但进一步的研究需要纳入大量的事实加以充分论证。特别是，它是只限于汉族文化和中国少数民族文化之间，还是存在于世界诸多民族国家内的一种普遍现象，则需要更大范围的普适研究，非一时一己之力可以完成。况且文化本身处在变化中，也许经过我们的努力，可以逐步缩小一些差距，例如翻译和传播落差中的差距。也不是每一条都可以，例如文明和文化落差，不仅涉及历史发展，而且涉及当下状态和发展的前景，取决于多方面的条件和因素。这也是笔者所关注的，并望学界、译界同仁一起关注和研究。

最后一篇文章《典籍翻译：三大阶段，三重境界——兼论汉语典籍、民族典籍与国外汉学的总体关系》酝酿了很久。历史上，少数民族文学和其民族的存在一样，早就是历史事实了。但只有从中华人民共和国成立开始，少数民族文学才得到政府关注，进入繁荣时期。虽然有了分民族的文学史，但直到很晚，少数民族文学才得以纳入统一的中国文学史。由中国社会科学院张炯、邓绍基、樊骏主编的多卷本《中华文学通史》，对少数民族文学有较全面的叙述，称其大概是从唐代开始与汉族文学史平行进行，这本身也能说明问题。联想到美国印第安原始诗歌常出现在美国诗歌19世纪卷中，而且一次性刊登完毕，与之不无类似。再联想到中国从宋金战争到元、清，最后归于一统，"另一半中国史"的地位不容忽视，而世界历史上许多现象对我们认识中国历史和中华文明史不无借鉴作用。因此，我把中国古代的"轴心时代"，和世界文明史上的古希腊等古国的相应时期相提并论，并把元朝和清朝视为"扩充时代"，对其文学成就加以补叙，这实际上是我所谓的"文学文本落差"的一个佐证，由此说明中国文化和文学的统一性与差异性，共同构成其多样性。

回顾以往，国学有其独立存在之必要，但在很长时间内，或者从本质上说，一国之学术不应局限于一国本身，而应与他国交流往来，否则，久而久之，势必因孤立、保守而枯竭和衰落。近代以来，虽然甲骨文、殷墟、大量简帛文献，以及秦始皇兵马俑等文物的发掘，一度促进了国学的更新和发展，但在研究方法和观念上，这些研究与国际汉学研究或一般史学研究仍然有一定差距。远的不说，仅剑桥、牛津出版社出版的中国历史和文学史、科技史等巨著，以及德国汉学家顾彬主编的多卷本中国文学史，就已经令国人震撼了。为了回应新的发展局势和挑战，我所从事的典籍翻译研究，以及近年来提出的异语写作与无本回译等理论研究，旨在提供另一条思路，即中国文化和中国文学如何通过翻译走出古典、走进世界、走向未来。

七　从异语写作到无本回译

——关于创作与翻译的理论思考[8]

1. 引言

数年来，笔者坚持学术观察，发现了一个有趣的现象，那就是，在中国文化典籍翻译的根本问题和中国当代文学的对外传播方式之间，已经产生了一种贯穿和综合的倾向，而在理论上，也有一种前所未有的持续化延伸和后者覆盖前者的叠加倾向，即存在着一个自古至今的翻译连续体。这一观察使笔者相信：与其局限于某一部典籍的翻译个案，或者泛泛地讨论典籍翻译的固有理论问题，还不如从二者的结合上找到一个更具现代性和更为复杂的题目，把以往的各种翻译理论包括在内。换言之，在一组个案的互动观照中显示翻译实践本身的复杂与变量，自然而然地显示出一个复杂的翻译世界图景。然后，再在这种更具包容性和容忍性的理论探讨中，揭示并解释典籍翻译的基本问题，以及在当今学术视野中可能采取的解决办法。这就是本文要从一系列复杂的翻译个案中找出一系列翻译理论问题的初衷。

2. 无本回译提出的理论背景与观点重申

这个话题还得从我的博士生江慧敏的博士论文选题谈起。经过初步摸索，

8　原载《上海翻译》2015年第3期，1—9页。

在落实到相关研究的时候，我的想法是：一方面，不要泛泛地研究林语堂，那种研究已经不少，因为是个案，在缺乏理论观照的时候，很难有突破性的进展；另一方面，若是套用一种现成的西方译论，则因为和此个案无关，容易把研究变成理论的附庸，得出和一般理论前提相一致的结论，也没有多大意思。于是，经过反复商讨，我们决定以林语堂用英文创作的《京华烟云》为文本依托，集中讨论三个汉译本的问题，而在理论上，可以借助我前几年针对此翻译现象而提出的无根回译理论，做一番既是试验性的，又是检验性的研究。经过几年的努力，此项研究的结果出来了，证明这个选题是成功的。

理论上的准备，其实是有几个前提的，涉及中国典籍翻译和西方现代译论。

第一种途径是理论前提和逼近式的导入，涉及两大领域。

其一是在民族典籍的翻译中探索出来的问题。例如古本复原理论：《蒙古秘史》的蒙古语原本丢失，而如今，学者们希望将其复原。这类研究主要涉及蒙古语文本的复原问题以及现今汉语文本的翻译来由，而以前者为着重点。这是我本人提出的第一个民族典籍翻译的理论，但《京华烟云》从来没有汉语原本，它是今人直接用英语写作出来的，属于异语写作，而它的翻译也不属于古本复原，倒是有点现代文本复原的意思。另一个翻译文本是维吾尔族的《福乐智慧》，在理论上，它涉及新疆各种文化的综合关系及这一文本本身的文化定位和文本定位（哲学智慧、宗教劝善、民族史诗、君王治世宝鉴等），而将其三种版本综合为一个权威文本的过程，给予原文本的复杂性更为实在的落实，这也是值得注意的。另外，我还把其中涉及的十大翻译问题，专门提出来做了简要的阐述。相比之下，《京华烟云》的文本和文化问题远没有如此复杂，显得容易入手。

其二是往复翻译理论，该理论基于《论语》翻译研究产生，是对国外有关理论的推介和继承——在《论语》原本不经翻译直接排印出来的汉语本基础上，我进一步提出了原文复现的概念。所谓往复翻译，则侧重指中国文化典籍在对外翻译传播的过程中，将所添加的序言、附录，以及正文以外的注释一类副文本翻译成汉语的问题。真正的原文复现，在《京华烟云》的汉译中只有极少数，主要是《庄子》引文和小说中一些诗词的引文。而且以文学作品的翻译而论，《京华烟云》在总体上尚不属于大量原文复现这一类翻译。但是，有一种更为隐秘的翻译隐藏在它的异语写作中，那就是潜在的翻译或曰隐形的翻译。另外，还有《京华烟云》对于《红楼梦》的创作借鉴和互文性研究，这才是更为复杂而隐秘的维度。

第二种途径是相关理论的讨论和类型的切入，也涉及若干翻译理论。

其一是霍克思译《红楼梦》诗词时采用的回译理论。我曾针对纽马克的检验性回译，提出研究性回译的假设，旨在解决翻译过程问题，避免把它简单化为一种哲学概念，或者概括为一种心理模式。显然，《京华烟云》的回译更加靠近后者，因为没有原本可供检验时对照。这已经很逼近后来提出的无根回译和无本回译了。

其二是图里（Toury）提出的伪译理论。笔者的回应在于剥离这一并不存在的翻译过程，从而严格地区分了创作（包括假冒的翻译）与翻译。显然，《京华烟云》的汉语回译是翻译，而不是没有翻译过程的伪译。另外，林语堂没有自译他的英文著作 *Moment in Peking*，他只为译者提供了基本的翻译方案和术语表。林语堂若是翻译了《京华烟云》，就属于自译了，但他没有这样做，而是找了郁达夫作为理想译者，郁达夫没有完成这一翻译任务，使作品成为一个理想译者缺失情况下硬译出来的东西。可见，上述理论皆无法说清无根回译问题，有必要针对这一特殊现象，提出一种特殊的翻译理论。

下面是笔者关于无根回译的论述：

> 林语堂在20世纪30年代在国外创作的英文小说 *Moment in Peking*，如今有了三个汉语译本，一般译为《京华烟云》（或《瞬息京华》）。本来这部小说是以中国文化和老北京的生活为题材和内容的，但其原文则是用英语写作的。这种翻译成汉语的返回只是文化上的返回，而不是语言的返回，所以称为"无根回译"，即在语言上不存在以原作为根据的回译。实际上，这项研究对于英语写作如何表现

中国文化内容，对于汉语或汉语文学的创作策略，对于今日国外读者和国内读者的接受心理，都很有意义。特别是对于翻译本身，则更是一个典型：一种翻译的另类，即异语和异语写作的回译。（王宏印，2009：236）

其实，这是一段名词解释，也是第二个版本。最早的版本见《文学翻译批评论稿》（上海教育出版社2010年第二版），当时是放在"互文性与翻译"一节之后，作为"互文的另类：缺乏原文的'回译'"标题下的一段文字。在2009年中国人民大学出版社出版的《文学翻译批评概论》里，就变为一个专门的术语，补充到附录"文学翻译批评基本术语"里，并与古本复原和往复翻译一起，得到了字典化的解释。而在该版正文里的阐述，则具有描述和说明的性质，放在"翻译的另类：异语写作的'回译'"下面了。

如果我们把用一种语言描写本族文化的内容的书写称为"原语书写"，那么用一种外语描写本族文学场景的则可以称为"异语书写"，由此产生翻译上的回译，就是"异语回译"。如果把朝向原文的回译称为"有根回译"，那么我们把这种非典型的并无同一语言原本的回译姑且称为"无根回译"。其典型作品便是林语堂用英文创作的小说*Moment in Peking*（常译为《京华烟云》）及其汉语翻译。（王宏印，2009：173）

现在看来，无根回译这个表述不尽准确。无论是作为缺乏原文的回译，还是作为异语写作的回译，都不是绝对的无根回译，毋宁说是无本回译，即不是完全空无依傍、无中生有的回译过程。换言之，所谓无本回译，充其量是缺乏文本根据的回译，但仍然有文化之根（这里是中国文化，而不是泛泛的人类文化）作为根基，而不是完全失去其根基，即 rootless back translation，那么，准确的英文翻译应该是 textless back translation，也就是无本回译了。可见，这一修正不是文字的、表面的，而是致命的、关键性的，由此推论出来的一组命题，具有翻译本体论的认识意义。以下是几条推论而出的理论性的认识：

（1）文化为文本之根，文本为文化之表。无论就某一单一文化和特殊文本的关系而言，还是就人类整体的文化和所有潜在的文本的关系而言，都是如此。所谓文本，则包含文史哲以及一切自然科学和日常生活中记录的文本，概莫能外。

（2）在文本与文化之间，语言是能指，而文化是所指。无论就单一文本和文化的原初关系而言，还是就普遍文本（虚拟文本本体）和人类文化的总体关系而言，皆是如此。在这里，无所谓原始文化和先进文化的区别，即采用文化相对论的观点，只以语言与文化的依存关系作为判断的依据。

（3）就文本为翻译之本而言，翻译的本体是文本，而表征也是文本，中间的媒介是语言，但这一媒介本身会发生变化。不过，无论发生何种变化，其语言（能指）与文化（所指）的关系（符号学原理）不发生变化。

（4）就翻译过程而言，能指的改变（即翻译中一种语言向另一种语言的转移、替换），势必引起本不应发生改变的文化所指的改变（即译本信息的缺失、替代、添加、扭曲等），这是翻译所不可避免的。这也是对翻译“忠实论”传统的根本解构。没有不改变能指与所指关系的翻译。翻译的本质，就是以异族的能指指代本族文化的所指，反之亦然。

（5）翻译的基本趋向，即一般意义上的翻译方向虽然可以改变（即因译者母语而定的从原语到译语的具体语种的改变，或曰顺译、逆译），但翻译过程本身不能改变（即所有翻译都是从原语到译语，而不可能是从译语到原语的过程，在回译中，这一现象是倒逆的，但其根本关系的性质不能改变）。这里暂不涉及回译中的原文因素的干扰问题，以及回译者个人心理因素的定位问题，只是就所有翻译都要遵循的过程、方向和步骤而言。

（6）翻译过程的不可倒逆性，意味着翻译过程的不可复制性，由此造成的结果有二：其一，翻译过程的不可模仿性，因此作为结果，不可能出现完全相同的翻译文本。这一理论，虽然可以说明重译或复译，但其中趋同或趋异的关系，则是以趋异为本质的。其二，翻译过程的不可描述性，因此作为说明，不可能有完全科学的翻译理论。尽管科学规律的持续发现能无限接近翻译过程的本相或本质，但翻译过程不是一个一成不变、千篇一律的过程，而是无数译者活生生的主体活动的过程，就其理论与实践的平行发展而言，最终也将是不可能被完全描述或说明的。

无本回译的理论模式如下：

（1）无本回译以原文本的原始缺失为基础，也就是以异语创作作为不得已的第二位的文本依据，即翻译的始发文本，进行有文化依据的翻译或回译。在这里，本土或本体文化作为潜在的基质或假设的参照架构，始终起重要作用。

（2）无本回译的原始文本的产生，无法摆脱和本族语文化的复杂关系，因此也无法不用潜在的翻译作为写作的必要补充，甚至要以此种翻译为主。也就是说，无本回译的原始创作，在本质上是潜在的、翻译的，而在逻辑上，是异语写作的。

（3）无本回译，由于各种主客观因素的介入和翻译机制本身的复杂性，不可能只存在一种可能性。因此，也就不可能只有一个译本，或标准译本，或终极范本。一般说来，这些陆续出现和出版的回译文本，会越来越贴近本土文化的原貌或基质。因此，就某种局势而言，无本回译是向主体文化无限回归的过程，即无本回译的翻译过程。

（4）按照某种设想，这些无本回译的文本之间，也应当会呈现出某种程度的趋同性，但由于理想译者之不可求，而翻译过程中的个人因素、语言因素、时代因素等会发生持续的影响和不同的组合关系，所以，各译本之间毋宁说是互补的关系，或者说是相异的关系，当然也不排除一些译本逐渐被覆盖和遗忘的可能性。

（5）就某一作品而言，甚至就无本回译过程本身而言，随着研究的深入和翻译的多样化，人们固然会加深对其作品的认识，甚至是对这一现象的理论认识和兴趣，但是，随着具有重大影响的无本回译作品的出现，甚至这种理论认识的核心的突破，人们也会发现它的弱点和局限，对此类作品本身的阅读、评论与认识兴趣下降，出现从满足到失去兴趣这样的认识过程。

3. 从异语写作到无本回译：理论的细化与深化

以下就这个理论的基本陈述进行拓展和发挥，包括异语写作的作者类型、异语写作的文本类型、异语写作中的翻译问题、无本回译的翻译问题。

（1）异语写作的作者类型

关于异语写作的作者类型，翻译家金圣华（2006）曾经做过分类：第一种，"原文作者是洋人"；第二种，"美国土生土长的第二代中国移民"，如谭恩美；第三种，"中国学者"，如夏志清。考虑到命名的准确与含义的广狭，以及避免过多依赖中国文化本位的说法，本文提出下列三类异语写作者，并结合其作品和文化品质加以概说。

① 本国作者：所谓本国作者，在此特定语境下就是中国作家，不管其居住地在中国还是国外。作者的出身及描述的文化是本族文化且运用的语言是本族语言，也即二者一致。这一关系的一致性决定了他们对本族文化的认识是原始的、深刻的、全面的。但是实际上，本国作者可能是双语作者，更为准确地说是异语作者。换言之，他可以用本族语创作，也可以用外语创作，而我们的强调恰恰在后者，即虽然他们可以创作属于本国的文化内容或者属于异域的文化内容，但这里特别强调的和切题的是：作者必须用外国语创作与本族文化有关的内容。例如，杨宪益虽然主要是双语译者，但也是双语作者。他用英语创作的自传 *White Tiger: An Autobiography of Yang Xianyi* 是异语写作的典型，汉语回译成《漏船载酒忆当年》（杨宪益，2001），则可能寄托了作者本人的意思。还有，宋庆龄用英语为孙中山创作的传记，也是本国作者用异语写作的例证。

② 侨民作者：侨居地翻译和创作是19世纪西方人在中国翻译中国的经典著作和写作有关中国的游记的典型做法，但不是我们所讨论的典型代表。我们指的是有中国血统的中国人，成为侨民，在国外创作有关中国文化的作品的情况。毫无疑问，作为双语作家和翻译家，民国时期的林语堂、张爱玲都有侨居或定居国外的经历，而且都有异语创作的作品。他们是侨民作家进行异语创作的典型代表。作为华裔美籍作家，当代的汤婷婷、谭恩美等也在此列。然而，华裔作家们创作的内容虽然有中国文化的因素，但也有美国文化因素，甚至主

人公往往处于两种文化的冲突之中，产生认同问题或身份问题。由此看来，他们的作品，要完全归入中国文化本位意义上的异语写作，却不是没有问题的。而他们对中国文化的了解也不是本原的，而是派生的。所以，中国文化对于他们，不是原本意义上的本族文化。所以，这里不以他们为典型的异语作家。

③ 外国作者：与本国作家相比，外国作家不仅是国籍不同，而且基本上是用其母语进行创作，但相比之下，是在创作有关别国的事情。尽管他的观点不一定很"外国"，但他的问题在于：对别国文化的了解能否达到一种内视觉的程度。以创作 *The Good Earth*（汉译《大地》）的美国作家赛珍珠为例，她的目标读者是美国人或者广义上的西方人，而她所描写的大地却是中国的、东方的。当然，她的出身和少年的经历有助于她了解当时的中国：一个多灾多难的农业国家。但她的最终归属是美国。这些是不难理解的。历史上，用几种语言创作 *The Haunted Monastery: A Judge Dee Mystery*（汉译《大唐狄公案》）系列作品的荷兰作家高罗佩，也属于这一类。如今，美国哈佛大学教授宇文所安创作的关于中国文学，特别是诗词的系列论著，"宇文所安作品系列"，也属于此类。从中国文化角度而言，他们都是用异语写作的外国人。

中国文化典籍受到很多外国学者的关注，在历史上有汉学家，在今天也有不少对中国文化感兴趣的学者。美国人德卡罗写了一本关于《易经》的书，他在"作者介绍"中这样介绍自己：

> 作者来自美国密苏里州拉马尔地区的一个小农庄……作者就对中国历史和文化开始了深入的研究，最终激发了他开始有关东方哲学的写作，尤其专注于中国早期思想的主要流派，其中包括道教和儒学对后世影响的研究。这些曾经影响中国历史的思想观念，对于我们今天理解发生在我们身边的事件仍然不失其重要价值。（德卡罗，2004：3）

（2）异语写作的文本类型

异语写作的文本类型是一个新的课题。它原来只是文学界的事情，其实不然。只要稍微注意一下这个领域，就可以轻而易举地举出不少例证，进而划分出不少类型：

① 游记类：就国外汉学的诞生和发展而言，游记类是第一个重要的类别，也代表第一个重要的起始阶段。

> 外国人来华，大致始于两汉，继之于唐，盛之于元，明清之际出现了大举涌入的先兆，到晚清时期才形成一股巨大潮流。国外发展至今的一门古老而又新兴的学科——海外汉学，其发祥时代的第一阶段，便是"游记汉学"……其后发展为"宏观汉学"，即译注中文基本经典和全面笼统地介绍中国，最后才发展成经院式的汉学研究，将汉学纳入到了全人类整体的学术研究范畴中。（科瓦列夫斯基，2004：1）

既然如此，这本《窥视紫禁城》本身就是一种游记作品，属于俄罗斯汉学的第一阶段。该书的翻译，为中国人编写汉语本的《俄罗斯汉学史》提供了重要的资料来源和文本依据。当然，法国和欧洲早期的汉学家不仅创作了实际的游记作品，例如意大利人马可波罗的《马可·波罗游记》，还创作了虚构的游记作品，甚至假托的书信作品，例如法国人孟德斯鸠的《波斯人信札》。将它们翻译为本族语，即本体文化所用的语言，也属于无本回译。

② 纪传类：描写古今人物，可以包括作者自传，也可以包括他人传记，如名人传记。自传作品有杨宪益的英文传记 *White Tiger: An Autobiography of Yang Xianyi*（汉译《漏船载酒忆当年》），他传作品有林语堂的英文传记 *The Gay Genius: The Life and Times of Su Tungpo*（汉译《苏东坡传》）。外国人写的中国历史名人传记，则有濮兰德的 *Li Hung-chang*（汉译《李鸿章传》）及其与白克好

司合著的 *China under the Empress Dowager*（汉译《慈禧外纪》）、黑尔的 *Tseng Kuo-fan*（汉译《曾国藩传》）以及贝尔斯的 *Tso Tsung-tang*（汉译《左宗棠传》）等。《慈禧外纪》的英文全名很长，可以说明其内容和资料依据：*China under the Empress Dowager: Being the History of the Life and Times of Tzu Hsi, Compiled from state papers and the private diary of the comptroller of her household*。这也造成汉语回译时书名的较大变动。

《京华烟云》的译者之一，台湾译家张振玉，也是《苏东坡传》的译者，对于传记文学有一种认识，颇能代表现代传记文学中西结合的倾向。

> 中国传记文章之长至排印成册者，似乎是开始于现代，但为数不多，其最为人所熟知者，我想是林语堂英文著作的汉译本，即《武则天正传》（Lady Wu）和《苏东坡传》（The Gay Genius）。这类文学创作之出现，与过去之历史演义小说不能说毫无关系，但所受的直接影响，还是来自西方的传记文学……（张振玉，2010：4）

虽然把异语创作的人物传记作为现代中国传记源头的倾向并不恰当，但说现代中国传记受到了西方传记文学影响，却基本上是准确的。我们能补充的是，胡适十分重视中国传记文学，并创作了长短不同的传记文学作品，而梁启超也有《李鸿章传》等传记作品，可以为证。鲁迅先生的《阿Q正传》，却是小说类传记文学的典型和开创者，形成了与纪实类传记文学不同的另类传统。

③ 学术类：学术类外文写作，有的是作者在国外留学期间写的博士论文，虽然是学科性的，但显然具有国学背景。钱钟书用英文写过文章，后来被人翻译成汉语在国内出版。著名学者冯友兰的英文著作 *The History of Chinese Philosophy*（汉译《中国哲学史》）有简明版和两卷集子，都已有中文译文。还有，夏志清用英文所著的 *The Classic Chinese Novel: A Critical Introduction*（汉译《中国古典小说史论》）和 *A History of Modern Chinese Fiction*（汉译《中国现代小

说》），以及 *C. T. Hsia on Chinese Literature*（汉译《夏志清论评中国文学》）等，都属于学术类的异语写作，后来有人将这些作品翻译成汉语，然后在中国流行开来。

在文学理论方面，刘若愚（2006）用英语撰写的 *Chinese Theories of Literature*，经杜国清翻译为《中国文学理论》，纳入李欧梵、刘象愚主编的"西方现代批评经典译丛"，也开始在中国文学界流行起来。文学类异语写作和"无本回译"，包括文学作品、文学史、文学评论集，以及文学理论著作，我们独留出文学作品，将其归入文学类，而将其他作品一概归入学术类。

④ 文学类：所谓文学类，如上所述，特指文学作品的创作，不包括文学评论和理论等著作及文章。高罗佩的 *The Haunted Monastery: A Judge Dee Mystery* 系列作品就属于这一类。一些当代中国作家用英语写诗，有的甚至在国外发表，也属于异语写作。很难说这种诗歌一定属于中国文化，或者一定只能包含某种文化因素，但假如我们认可诗人的中国人身份，就应当承认，出自一个中国诗人的诗作，应当具有中国文化的属性，或者说有中国当代文化的属性。另一个典型例证是，新西兰裔（后来加入中国籍）作家艾黎用英语创作的诗集 *The Freshening Breeze*（拟汉译为《清风集》），收录了他在中国陆续创作的关于中国的诗篇。就语言而言，诗集属于异语创作，就地域而言，却是异域创作。此外，国外出版的许多中国文学作品集或中国文学史，大多数是根据汉语翻译成本地语言的译本，或者是以此为根据的编译本，在原则上，也属于异域创作或异语创作。特别值得一提的是，美国诗人庞德的英语作品《华夏集》（*Cathay*），在国外被纳入作者的创作集，有些译作被收入《诺顿诗歌选集》（*The Norton Anthology of Poetry*），广为流传。

异语写作是一种特殊的写作状态。以上举的例证大部分是关于中国文化的英语写作实例，有人急于归类，就提出了"英语汉学"的概念，目的在于概括以英文为载体的，关于中国文化的创作领域。这虽然是一个有一定概括力的概念，但在理论上不具有终极性。它和"国外汉学"一样，只具有和中国汉学（国学）相对应的概念意义。不过，我们在讨论异语写作的时候，可以暂且保留这一概念的概括范围，作为经验领域的储存。

（3）异语写作中的翻译问题

现代学术是"西学东渐"的时代，这是一个举世公认的事实，但也有相反的意见，即也可以有一点"东学西渐"，作为中国学术向西方学界的输出。在"西方现代批评经典译丛"中，不仅有韦勒克、沃伦的《文学原理》，布鲁姆的《影响的焦虑》，兰色姆的《新批评》，而且有一本华裔学者刘若愚的《中国文学理论》（2006），真是令人喜出望外。这是一本关于中国文学理论的杰出著作，这里直接引用作者在序中的一段话：

> 本书原是用英文写的，出版于1975年。在1977年有未经作者同意而出版的中文译本，其中有若干误译之处，而且把原注及书目完全删掉，使读者无从参考本书所引用的作品。现在承国清热心努力重新翻译，并把所有原注也译成中文，应该对读者有很大帮助。（刘若愚，2006：中文版序）

同样有价值的是作者对异语写作中的翻译问题的说明，揭示作者为何要将中国文学及其他来源的资料亲自翻译成英文，纳入写作之中。

> 所有中文的引证，都是我翻译成英文的，并不是因为我认为自己的翻译优于所有现成的，而是因为我对原文的了解往往有些地方异于过去的译者，而且也因为他们的目的可能与我的不同；我的目的是在于引出基本的概念。因此，我的翻译力求意义的准确与明了，不在于文字的优美，虽然我对反映出原文的风格与语调也尽了些努力。为了使读者能够将我的翻译与别人的作一比较，或者阅读我所摘录的作品的全文，我提示了一些已有的翻译以供参考。如果同一作品有多种译本，我只提最好的或者最通用的译本。要

是只有法文或德文的，没有英文的译本，这点将特别注明，因为大多数的英语读者大概都能阅读这两种语言，或者其中之一。关于日文，则不能作同样的推测，而中文的日译多得不胜枚举。引用英文以外的西方语言的作品时，我通常使用现成的翻译，没有英译的一些法文作品是例外。遇到这种情形，我自己翻译我引用的文章。（刘若愚，2006：原序，1-2）

原作者在引用资料时亲自动手的翻译，是一种显性的翻译，借用其他人的翻译，也是一种显性的翻译，而异语写作中，还有大量的翻译属于隐性的翻译，例如林语堂使用的，关于中国习俗的若干词语，其英文实际上并不完全是写作，而是把储藏在头脑中的汉语说法翻译出来，或者半翻译、半创作，译写出一段语言来。

（4）无本回译的翻译问题

顾名思义，无本回译的翻译问题，较一般的翻译类型要复杂得多。这里只是按照一般的情况，重点指出其变异部分并加以列举说明：

① 书名或标题的改变：书名或标题的翻译，如果没有什么变化，那就没有什么特别值得注意的。例如，刘若愚的 *Chinese Theories of Literature* 译为《中国文学理论》。但细心读者仍然会发现，"理论"一词，英文用的是复数，汉语则是单数。这种微妙的差异，也反映出汉语重视整体印象，英语强调各种理论及其差异的思维特点。同样，为了强调中西之间的时间差异，《思想的时差：海外学者论中国当代文学》一书，就特别加上"思想的时差"，强调国外对中国当代文学的研究一般会处于相对滞后的状态，由此引起国内读者的注意。相比之下，翻译中的变化更是司空见惯。例如，美国华裔学者金安平的著作 *The Authentic Confucius: A Life of Thought and Politics*，在黄煜文的译本里，翻译成《孔子：喧嚣时代的孤独哲人》。淡化了原文所说的思想与政治的关系，而强化了当下与古代"喧嚣时代"的共同点，以及"哲人本孤独"这样一种认识，从而产生了一种引导当下读者进入哲人视野的魅力。不同的书籍，可能有不同的改

变书名的原因和理由。前文提及的那部来自俄罗斯的中国游记，其汉语译名，就是为了避免雷同才起的。"此书原名为《中国旅行记》，出版于1853年。考虑到此名容易与同类作品雷同，因此改译为《窥视紫禁城》。"（见译者序，第2页）新的书名《窥视紫禁城》，倒是给人以间谍一般的目光。总之，是一种异样的视角。

前面提到的杨宪益的英文自传，开头有这样一段话，详细交代了自己的命相，说明了英文书名中"white tiger"（白虎）的汉译：

> 我出生于1915年（民国四年乙卯）1月10日，按阴历推算，是甲寅年（虎年）十一月二十七日。母亲日后告诉我，她生我之前做了一个梦，梦见一只白虎跃入怀中。算命先生说，这既是个吉兆又是个凶兆：这个男孩长大后不会有同胞兄弟，他的出世还会危及他父亲的健康；然而，他在经历重重磨难和危险之后，将会成就辉煌的事业。我不知道自己一生的事业是否算得上辉煌，但是我确实是母亲惟一的男孩，而且我五岁时父亲就病逝了。在过去七十余年的生涯中，我确实经历了重重磨难。所以，那位算命先生尽可以说他的推算大致不差。（杨宪益，2001：1）

《漏船载酒忆当年》，大概来源于鲁迅的诗《自嘲》中的句子："破帽遮颜过闹市，漏船载酒泛中流。"这里大概也可以看出来作者的鲁迅情节和浪漫情怀，和"白虎星照命"的宿命论形成对照——分别适应了汉语和英语读者的需要，反映了杨宪益性格的两面，或创作意图的两面性。

② 序言等副文本的翻译处理：有的异语创作者喜欢撰写序言或后记，说明自己的撰写意图或写作经过。杨宪益（2001：245）在其英文自传的后记中说："1990年2月，我应一位意大利朋友的要求开始用英文撰写这部自传，他

把它翻译成意大利文出版了。"

③ 正文的翻译处理：不难理解，异语写作的问题，在于语言符号和它所指代的异域文化发生错位，即本族语中原本一致的能指（语言）和所指（文化）不一致了，这就导致一定程度上的信息错位和表达不清晰。下面是美国诗人史奈德关于中国山水画的一段文字，请注意观察和识别有关中国文化的词汇，包括专有名词的拼写、翻译与一般性表述的习惯问题：

There are very early scenes of hills and woods in China, on silk or plastered walls, but they were full of deer and other animals, or dream creatures, or people, or some combination. Paintings of large vistas did not appear until around the 10th century. This was after two and a half millennia of self-aware civilization in the basins of the Ho and Chiang. They are at the most vigorous from mid Sung through the Yuan and early Ming—— exactly when much of China was becoming deforested.（钟玲，2019：205）

主要问题可归类如下：

中国朝代的拼写不同于汉语拼音和标准英语的翻译习惯；

长江黄河的翻译不完整，或者不符合一般的翻译标准；

时间上，10世纪的出现，在中国历史上很难一下子定位；

指代词的引用不清晰，需要补充说明（山水画）；

语法省略引起的问题，需要补充（人与神兽之组合）；

主题性变化，例如将英文的China改变为"中国画"，更切题；

"大部分森林遭砍伐"（was becoming deforested）与一般读者的知识不一致；

习惯性说法被改变，显得很突兀，例如 animals，creatures，people，使得翻译很难让人接受，须翻译成"飞禽走兽、人物"等。还有，basin（盆地）一般叫"长江流域、黄河流域"。

下面是钟玲的译文，供参考：

> 中国画中出现群山、树林景象为时很早，是画在丝帛上，或涂了灰泥的墙上，但画中出现很多鹿及其他动物或神兽，或人类，或某种（人与神兽）之组合。大幅山水景物的画到第10世纪才出现。这是黄河长江诸盆地的文明经历了约2500年的自觉过程才产生的。它们（山水画）的高峰期由宋朝中期一直延续到元朝及明朝初期——这期间也正是中国大部分森林遭砍伐的时期。（钟玲，2019：205）

也许，中国绘画界更为习惯的表述会带给中国读者更为顺利的阅读，因此，也可以有如下一种参照文本：

> 中国画里很早就出现了山石、林木，但人与鹿等瑞兽及其他飞禽走兽一起出现在同一幅画作中，当时以竹帛作画，或画在粉墙上。到了10世纪，才出现了山水占据主要位置的山水画。此时，黄河长江流域的自觉文明已经有约2500年历史了。宋元时期山水画处于高峰期，直至明代初期逐渐衰落，而与此同时，中国的自然山水也遭到了大规模的破坏。（笔者译）

④ 原文复现问题：原文复现指的是异语写作文本中有一些原本就是被翻译过去的东西，如果有足够的识别度，在整体上做无本回译时，可以转换为局部的有本回译，也即不经过翻译而直接让原文复现出来，因为这一部分原来就

是潜藏在异语写作中的翻译物。尽管如此，由于版本的不同，个别地方的变异仍然是可以理解的。在文学史和文学集一类作品中，大量的文学作品文本都是这样处理的，例如《孔子》传记中的《论语》引文，就属于原文复现，而在小说《京华烟云》中，每一部分前面所引用的庄子的话语，也是原封不动地复现出来的。但在正文中的个别地方，例如一首原本是直接引用的汉语诗，由于英文诗歌识别困难（由于不是特别著名，所以诗人名字的英文拼写的汉译也难以准确恢复），或者译者没有足够的耐心进行查找，导致两个译本翻译成一种不够"原始"的诗。只有郁达夫的儿子郁飞查到了明代诗人邓青阳的一首绝句：

> 人生天地长如客，
>
> 何独乡关定是家。
>
> 争似区区随所寓，
>
> 年年处处看梅花。（林语堂，1991：343）
>
> We are but passing guests from who knows where?
>
> Say not thy home is here, thy home is there.
>
> It suits me——what I've got and what I've not.
>
> The plum-flowers bloom here, there, and everywhere.
>
> （Lin，1939：367）

这也难怪，由于诗歌翻译的特殊性，许多唐诗、宋词、元曲的英文翻译都很难识别，以致无法查找到正确的原文。相比之下，历史文献的原文复现是比较容易的，例如《窥视紫禁城》中的皇帝诏书，在清宫档案解密的今天，就是容易查证的。

⑤ 文本的删节与合并处理：对于异族作者而言，所谓异语写作的读者一般指向的是作者的本族语读者，而无本回译的读者则指向译者的本族语读者，这一基本的定位会引起文本内容的删节或者其他形式的变动。有的译者会明确说出这些变动的根据和处理方式，帮助读者了解原书的内容。原为俄语创作经回译为汉语的《窥视紫禁城》，为我们提供了一个很好的例证：

《窥视紫禁城》全书分三部分：第一部分为蒙古地区游记，主要记述了驼队在蒙古大漠上的旅行情景。作者在描绘沿途自然风光的同时，对蒙古地区的历史、社会、风俗多有介绍和思考。第二部分为旅行日志，用表格的形式记录了每一站的水草、地貌、温度等数据，可读性较差，因此删去未译。第三部分描写科瓦列夫斯基及传教士团人员在北京的生活和见闻。作者以一个外国人的视角对第一次鸦片战争后的中国社会进行了深入细致的观察，对道光末年的京城生活百态进行了惟妙惟肖的描绘。（科瓦列夫斯基，2004：2-3）

不仅如此，译者序对该书的语言问题也做了较为详细的交代，同时说明了翻译的问题，具有无本回译的普遍意义：

此书虽然篇幅不大，但由于年代久远，且途中经过人烟稀少的蒙古地区，文中掺杂了许多满文、蒙古文地名、人名及其他少数民族语汇。此外，在作者从西文著作摄取的材料里，个别专有名词的发音在从中国南部方言到西文又到俄文的转译过程中严重"失真"。这些都给翻译造成了一定困难。（科瓦列夫斯基，2004：4-5）

迄今为止，我们已经讨论了无根回译到无本回译的修正方案及其理论根据，这一修正深化了我们对文化与文本的认识。我们继而讨论了异语写作及其翻译中的问题。异语写作和无本回译都存在潜势翻译，这使我们宁愿使用翻译与创作的连续体概念。我们认识到，潜势翻译构成写作和翻译的内在线索，要将创作与翻译连接起来，形成一个整体的文本产生过程。然而，我们认为，以上认识还有待进一步拓展和加深。我们将把无本回译作为一种普遍理论，让它和相关学科建立联系，成为一个能够进入现代学科体系的翻译学核心概念和具有一定解释力的翻译理论系统。

参考文献

- 德卡罗.一个美国人的《易经》之旅[M].陈绍怡，译.北京：知识出版社，2004.
- 金圣华.从《家书》到《译文集》——傅雷夫妇逝世二十周年纪念[M]//傅敏.傅雷谈翻译.北京：当代世界出版社，2006：150-163.
- 科瓦列夫斯基.窥视紫禁城[M].闫国栋等，译.北京：北京图书馆出版社，2004.
- 林语堂.瞬息京华[M].郁飞，译.长沙：湖南文艺出版社，1991.
- 刘若愚.中国文学理论[M].杜国清，译.南京：江苏教育出版社，2006.
- 王宏印.文学翻译批评概论[M].北京：中国人民大学出版社，2009.
- 王宏印.文学翻译批评论稿[M].第2版.上海：上海教育出版社，2010.
- 杨宪益.漏船载酒忆当年[M].薛鸿时，译.北京：十月文艺出版社，2001.
- 张振玉.译者序[M]//林语堂.苏东坡传.张振玉，译.西安：陕西师范大学出版社，2010.
- 钟玲.史奈德与中国文化[M].北京：首都师范大学出版社，2019.
- Lin, Yutang. Moment in Peking [M]. New York: The John Day Company, 1939.

八 朝向一种普遍翻译理论的 无本回译再论

——以《大唐狄公案》等为例[9]

1. 引言

前文讨论了异语写作和无本回译的基本概念，实际上，我们的侧重还在文本类型上面，而这里我们将侧重文体本身及其翻译的可能。同时，我们的经验世界也从《京华烟云》部分转向了《大唐狄公案》的创作和翻译。虽然我们借助的是这样两部典型的异语写作和无本回译的著作，但是，我们的视野并不局限于此，而是扩展到了更为广阔的领域，甚至不限于和中国文化密切相关的国外汉学。当然，在涉及一种文化及其准确翻译的时候，理想译者是一个不可忽视的问题，它几乎是无本回译的评价标准的同义语和必要条件。

2. 再论译者与译文：无本回译的理想译者与评价标准

虽然我们可以按照某种分类方式把译者归入单一型译者（如翻译家型）或综合型译者（如学者型、研究型、作家型等），但无论如何，对于无本回译的译者而言，这些类别均无法囊括所有的翻译家类型。当然，我们也承认，无本回译势必有相当的要求，它不是一般译者能够胜任的。因此，除了一般所谓的

9　原载《上海翻译》2016年第1期，1—9页。

职业翻译家之外，也可能有异乎寻常的来源，甚至要经过有识之士的推荐，才能出现或发现某一作品的译家。

从林语堂当年寻求理想译者的情况来看，我们不妨提出一个理想译者的假设，作为讨论这一问题的前提。那么，无本回译的理想译者应当具有什么样的素质呢？兹从林语堂对郁达夫的角色期待中，先做如下设想：要有理想的译笔，而这一译笔来源于优美的文笔。在当时的众多作家中，就汉语能力而言，郁达夫的散文、小说、诗歌创作成就都是有目共睹的。即便他的翻译水平没有被验证，从其文笔和多变的风格来说，林语堂也宁愿相信郁达夫是有这样的翻译能力的。与作者的竭力推荐相比，译者本人的能力可能更具有说服力。

不言而喻，译者应当对中国文化有深入的认识，对西方文化有深入的了解。中国文化，并不是每一个中国人都能深入理解和掌握的，在文化环境中形成的感性认识，并不等于理性的、反思性的、对比性的认识。在这里，林语堂可能十分关注对京派文化的认识和表达，因为他的侧重点在于"京华烟云"。对中国文学和西洋文学的理解和掌握，以及对日本古今文化和文学史的认识，也具有同样的重要性。照理来说，林语堂应十分重视对中国古典文学（例如古典小说《红楼梦》，《京华烟云》所模仿的范本）和古典诗词，以及老庄思想的传播。在外国文学方面，一是作为资料的吸取，二是作为语言的理解，三是面向外国读者的问题。舍此，则《京华烟云》的无本回译是不可能成功的。

无本回译的评价标准，从普遍的意义上来说，应该符合一般回译的评价标准，甚至符合一般翻译的评价标准，但又不尽然。因为，在逻辑上，从先到后，即从一般翻译，一般回译，到无本回译，依次从一般到特殊，要求越来越高，越来越具体。相反，从后到先，则越来越普遍，越来越永久，越来越大而无当，越来越不易落实。不过，在无本回译中，围绕着人物塑造产生的人物阅读效果，一种形象和印象的新颖感，一种似曾相识的熟悉感，以及二者的结合无间，则是需要的。下面具体分析三个层次的翻译问题。

（1）语言标准

无本回译的语言标准比较难于确定，因为它没有原文可以返回参考，也就是说，失去了可资对照的可靠文本。尽管如此，我们根据一般翻译的常态以及创作的常态，还是可以提出一些大体的要求，以便对无本回译的语言有所限制，有所规定，也对其评价和批评有所依凭，有所戒尺。在缺乏其他参照的前提下，让译文尽量靠近地道的中文，是有道理的。然而，考虑到回译是介于原作和译作之间的折中的语言状态，这种靠近的限度和提法，也不是没有问题的。例如，《大唐狄公案》共8册，属于公案小说，其中的语言必须符合公案小说的套路。我们可以从《大唐狄公案——断指记》的开篇一睹公案小说的特色：

> 这诗单表大唐名臣狄公仁杰居官清正，仁慈爱民，义断曲直，扶善除恶的高风亮节。看官但知狄公乃盛唐名相，国之鼎鼐。他出为统帅，入为宰辅，执朝政，理万机，播名海内，流芳千秋。其实狄公早年官吏生涯便有可大书特书者。史载狄仁杰于高宗仪凤年间为大理寺丞，周岁断滞狱一万七千人，无冤诉者。一时朝野传为美谈，仙机妙算、断狱如神之令名不胫而走。他在担任县、州衙门官员期间，勘破疑案无数，其中多有曲折离奇、惊心骇目者。
>
> （高罗佩，2011：5-6）

如果再加上开篇的诗，那就更加神奇了：

> 父母官，天子臣。
> 朱笔直，乌纱真。
> 冰心一片奉日月，
> 铁面千古惊鬼神。
>
> （高罗佩，2011：5）

顺便说一句，面对这样的诗歌，我们甚至不能辨别它究竟是原文复现，还是无本回译——除非我们知道异语写作的作者一定具有如此高超的写诗能力，以及无本回译的译者也有如此高超的译诗能力。幸好我们知道，作者高罗佩的汉语诗写得不错，而译者的译笔也不错。但是，即便如此，也不能做直接的推断，即由此推断出这是一首原创诗或回译诗。须知，这里的结论是实证性的，要查出文本的出处才行。

（2）文体标准

在《文学翻译批评概论》中，我曾经提出翻译中的文类或文体处理的基本原则。一个是保留原文本的文体类型和品位并与之对应，另一个是改变原文本的文体类型，或者使其上升，以提高品位，但又增加了翻译的难度，或者使其下降以助普及，并可减少翻译的难度。当然，这里的文本类型变异是相对的，其依据是诗剧高于诗，诗高于散文，散文高于小说，在这个意义上，无本回译的文体标准，也可以参照执行。下面就几个典型的文类案例加以解说：

① 高罗佩的《大唐狄公案》：因为属于公案小说，所以翻译的文体就要参照典型的中国公案小说的体制和语言，进行一定程度上的有本还原。例如，译者可以参照中国公案小说的文体特点，章回设计，叙述语言与人物对话的角色划分，以便造成此人此事都是原原本本的中国公案小说的印象。但我们不能完全排斥西方侦探小说的侦破构思和推论逻辑，也不能完全排除其语言表述方式。相反，要让二者融为一体，不露痕迹，才是妙文。下面一节文字，显现出典型的侦探或公案小说的语体特征：

> 卧房并不大，简朴无饰，几样家具都是手工打制的旧款式，木料也是田庄现成的。狄公细细察看起那张大床，床沿的木架果有一道深深的刀痕，地下散有好几片细屑，隐隐还可见有几星血迹。突然他发现靠窗的地下有一柄粗陋的骨制头梳。狄公俯身拾了起来，小心纳入衣袖。（高罗佩，2011：50）

不过，要是细究起来，也可以看出无本回译的文字，无论如何精致，终究难以逃脱中西合璧的痕迹。从下面一段描写美人的文字中，就可以发现典型的中国词汇和西文句法的结合。也许我们可以把这归入翻译腔一类，但即便如此，也是值得注意的一种特殊的翻译腔，而不是一般意义上的超额翻译或欠额翻译的翻译腔：

> 狄公见那沈云黝黑的鹅蛋脸上一对含情脉脉的大眼睛极富于表情，樱桃小口之上悬着一梁高挺的鼻子，两条细长的凤眉如丹青画出一般。乌云似的长发盖头披下，不施粉黛却顾盼流波，与她那粗陋的衫裙很不相称。她从容自若地站定在书斋内，宛如一株水杨枝儿插在风里，一摇一摆，袅娜生姿。腰间一根黑丝绦，两只新葱似的玉手叉在腰间。（高罗佩，2011：208）

这样一种描写，却像是一位中国美女，用西洋画法画出来一般——形象是中国的，笔法却是西洋的。也有点像清代意大利画家郎世宁笔下的宫廷画，人物和景色是中国的，构图和着色却是西洋画的。

② 傅雷的困境与"傅雷体"的半无本回译：在个人翻译的风格问题上，傅雷是矛盾的。翻译自己驾轻就熟的巴尔扎克作品，他感到问题不大，不需要特别努力，也能表现一大半。而要翻译其他作品，例如服尔德（即伏尔泰）的《老实人》，他就有点畏缩不前。他在致宋淇的两封信中（前者写于1951年10月9日，后者写于1954年7月8日），说明了这两种完全不同的感觉。

> 我的经验，译巴尔扎克虽不注意原作风格，结果仍与巴尔扎克面目相去不远。只要笔锋常带情感，文章有气势，就可说尽了一大半巴氏的文体能事。（傅雷，1998：156）

> 此书文笔简洁古朴，我犹豫了半年不敢动手。
> 现在试试看，恐怕我拖泥带水的笔调还是译不好
> 的。（傅雷，1998：165）

如何认识这一问题呢？我想，对译者来说，不同的文体感觉是至关重要的，就如同音乐家对音符和旋律，画家对色彩和线条的感觉一样重要。在这一点上，傅雷是独一无二的。我并不因此认为笔端带感情和讲究文章气势就可以替代巴尔扎克的风格（虽然可以认为这两者已经构成巴氏风格的一部分乃至于大部分了）。也许译者觉得这是一个个人感觉问题，而不是翻译理论问题。但至少在理论上，风格问题应当有一些比较明晰的界定和较为深入的研究才是。也许，对于"傅雷体"体会最深的，莫过于金圣华，因为她不仅按照傅雷自己提出的三条标准研究傅雷，而且承担了把傅雷家书中用英、法文写的信件翻译为中文的任务，称为译傅（译傅成为一个专门的名词，可见傅雷的文笔和译笔已经有了不可替代的地位）。

> 不错，"傅雷风格"的确存在，但这种风格，
> 正是傅雷文体的一种表现，他对自己的译笔，曾以
> "行文流畅，用字丰富，色彩变化"为指标。根据
> 我个人翻译《傅雷家书》的经验，发现这三点正是
> 傅雷文风的特色。（金圣华：2006a：162-163）

几乎是按照同样的原则和精神，金圣华认真地从事傅雷家书的汉译工作。她的基本做法和考虑是区别对待，以便传达傅雷的文笔特点和风格。

> 八十年代初译傅雷法、英文家书时，由于书信
> 对象是傅聪及弥拉，故全部采用白话文译出；九七
> 年译致杰维茨基函，由于致函对象是德高望重的傅
> 聪业师，故主要以文言文译出。这次书信的对象是

> 梅纽因伉俪……要在字里行间译出两者平起平坐、既亲切又客气的关系，要分辨谈小儿女身边琐事及论大宇宙人生境界的不同笔调，译者必须借助一种文白相糅的体裁，这种体裁，在傅雷致友人（如刘抗、成家复、朱嘉棣等）书中，常见采用。（金圣华：2006b：181）

傅雷的文笔和译笔，原本是一体的，不能截然分离。在大多数情况下，这可能是一个常态，也就是说，作为译者和作者，他可能具有相同或至少是相似的文笔和译笔。但是归根结底，二者还是不能混为一谈，至少在理论上，要有明确的区分。

金圣华的译傅，反证了傅译的存在，也即傅雷翻译体的存在和傅雷译笔的存在。同时，又为翻译增添了一个新的翻译类型，那就是从一个从事外译汉的翻译家的外文作品转译回汉语的情况。这是不是他人代笔的回译呢？这毕竟和译者本人操笔的自译有一定的区别。这两个概念的区分，尤为重要。

金圣华译傅的方法，即语言策略，和傅译的方法，大体上不谋而合。就是说，傅雷反复探讨和谈论的是文言和白话的关系问题，他所使用的语言手段，也无非是在文言和白话之间进行调和与调配（方言问题另当别论）。显而易见，当我们把回译（无论是有本还是无本回译），甚至自译的语言策略归结为白话与文言的调配时，我们显然又回到了傅雷当年的思路上来，或者说，我们还没有走出傅雷的语言怪圈和思维逻辑。这也是特别值得注意的。

由于傅雷的书信体有同类文本可以参照，所以称为半无本回译。在这个意义上，它既不同于林语堂的《京华烟云》，也不同于高罗佩的《大唐狄公案》。

③ 再回到林语堂的《京华烟云》，主要看一下受小说结构所制约的，宏观的文体风格。

小说书名：《京华烟云》是后人所译，而《瞬息京华》是林语堂当年所定。但是，具有讽刺意味的是，《京华烟云》仍然是迄今为止最为大众化和广为接受的汉语书名。

书前献词：张振玉的译文，通过添加、仿拟等手段，制作了一首林语堂署名的古体诗作为献词，并交代了其英文创作过程的起始与终结，可谓完备之至。其他两个译本的异化手段，一象形一规整而已，各有千秋。

分卷题旨：庄子引文，属于原文复现。实际上，这一部分哲学引文，大概只是英语作者林语堂所特别喜爱的，与中国人待人接物的道家模式当然有关，但也不是很符合一部现代小说的格局，毋宁说使其戴上了一个哲学的帽子，使得叙事不那么纯粹。

分卷目录：将一部现代小说翻译成章回小说，具有文学上的复古倾向，但和民国时期章回小说的流传不无关系。从技术上来说，除了文字本身要有叙述语言的章回味道之外，章回的设置是十分关键的。总体而言，张振玉的章回设置比较到位，但由于回目少（仅四十五章，应是四十五回），而且三部分的回目数量也不均衡，总归还是不符合中国传统章回小说的书名要求（例如八十回、一百回或一百二十回），所以未能达到尽善尽美的地步。另外，张振玉译本的分卷名语言不够统一，也不够"章回气"，是一缺点。

正文变通：小说语言，特别是对人物对话语言的京腔处理，效果各异。郁飞的最佳，翻译腔也最少。段落融合及切断和小说行进的节奏有关，多有处理变通，这实属必要。文化信息的增减以及文化内容的注释也构成小说翻译的一部分，各本不一，以郁飞的较为详尽且严谨。

书后附录：书后附录"人物表"，三个本子都有。这是仿照《红楼梦》的体例，可见作者的小说构思和人物关系设置。"生活场景复原图"为小说人物提供了活动空间，同时也可见作者的空间布局设置，独具匠心。

语言风格可以归结为四种类型：

以民族语言状况为基准的语言风格，即民族风格（文言与白话、方言等）；

以文类为基准的语言风格，即文体风格（小说、诗歌、书信等）；

以具体译者为基准的语言风格，即个人风格（高罗佩体、傅雷体等）；

以具体作品（包括结构和文本样式）为基准的风格，即作品（或文本）风格（如林语堂的《京华烟云》不同于《苏东坡传》）。

（3）文化标准

文化标准其实是很难界定的，更不用说仔细论述了。单一文化定位是基本的。也就是说，译本文化要向译入语文化的方向归化而去，尽量减少或彻底消除异族文化因素的干扰。但是，这样的要求在许多时候是要慎重考虑和仔细处理的，因为翻译问题的杂合性不允许单一文化的一元化倾向，即便是无本回译，毕竟还是有回译的性质，而既然是回译就不可能回到原文所在的地方，一点也没有偏差。我们也不能说异语写作的作者对本族文化或他（或她）所写的文化就没有批评、歪曲、变形——所有这些都会影响无本回译的归化效果。

江慧敏很好地区分了无根回译和文化还原这一对矛盾的概念：

> 实际上，"无根回译"与文化还原二者既有重合又存在区别。文化还原只涉及作品的文化部分需要朝向本族语的回归，而"无根回译"除了文化上的还原之外，还涉及诸如文体、文类、语言等方面的还原，例如文体上是朝古代某一文类（体）回归还是就用现代文体，相应的语言应该古雅还是现代，这些都是"无根回译"探讨的问题。因此，文化还原无法涵盖异语写作带来的（所有）翻译问题。（江慧敏，2012：258）

无根回译的文化还原问题，似乎和作者对中国本体文化的认同和认识程度有关。照此看来，并非只有海外华人作家有此文化误读问题，毋宁说中国学者和外国人处于两个极端，都有对中国文化的认同和认识问题。一般来说，外国人的域外视角使其对中国文化的批判多于盲从，而中国人的域内视角，则可能是盲从多于批判。史奈德和林语堂，正可以作为二者的典型代表。美国诗人史奈德对中国儒、释、道三教教义的吸取，包括了他对中国文化生态环境破坏的批评话语，而他对寒山诗的相关翻译和推崇，也包含了他将其从中国式山水和隐者心态转换为美国式风景和"愤青"语言的处理方式。《京华烟云》中的庄子引文，似乎给这部小说增添了哲理，或者说给中国人的伦理世界增添了老庄思想的光环，作者对老庄哲学和处世态度的赞许是不言而喻的。

还有更为复杂的情况。在一部文学作品中，文化不可能原原本本、一成不变地被复制出来，或者现成地摆在那里给你享用。毋宁说，在文学作品中，文化要么是总体印象的，即便如此，也是经过异语作者的眼光过滤和头脑加工的，要么是作为文化要素，被分隔或结合搭配起来的，要达到某种再造艺术形象的目的。在《大唐狄公案》中，这两者都有。可以说，前者更像是狄公本人被西方私人侦探化的形象：

> 狄公有个性，有人情味，有幽默感，他像西方侦探那样处处出场，深入破案第一线，直接周旋于罪犯与被害人之间。与其说他是个公正不阿、执法如山的法官，毋宁说是个大智大勇、精明干练的侦探。他也经常被错综复杂的案情弄得晕头转向，神情沮丧而走入迷途，做出错误的判断。有时甚至一败涂地，不可收拾，最后才柳暗花明，透出曙光，并终胜全局。狄公人情练达，世事洞明。狄公的故事是科学的、逻辑的、人事的，从不流于怪诞荒谬神仙鬼怪一路。他破案所依赖的只有三点：深厚的犯罪心理学素养、广博的刑事侦讯经验和严密的逻辑推理能力。从这层意义上来说，狄公往往更像柯南道尔的福尔摩斯、克里斯蒂的波洛、加德纳的海森、西墨侬的格雷警长，而不同于包拯、况钟、海瑞、施仕伦一类的人物。（高罗佩，2011：36）

当然，这一形象的评估和前面所谓中西结合的说法，事实上有一些差距，因为这是胡明的观点，和陈来元的看法也未必相同。主要形象的认识尚有差别，而作为文化因素的处理可能是另一种情况。狄公形象本身包含了文化认知因素，该形象取自唐朝武则天时代的名臣狄仁杰，相关事件取自传说和档案，再加上作者自己的杜撰和附会，其他人物和故事情节的离奇就可想而知了。至于构成人物活动背景的，所谓唐代的典章制度、律法形制、官衙公例、世情风俗，文物摆设一类，大部分却取自中国历史较后来的部分，也就是作者在中国比较容易感受到的部分，且以明清以后的居多。这就有可能造成这样一种情形：人物的名称是唐代的，而着装却是宋代的，家具是明代的，摆设也可能是清代的呢！译者之一胡明对此心知肚明，所以他一再告诫中国读者，切莫过于拘泥：

> 最后还想说明一点的是：《大唐狄公案》里个别描写与唐代事实上的人物故事、典章制度、世态风俗很不相符。高罗佩虽对于我国古代社会的状况颇有研究，但他笔下的狄公故事的许多内容背景即便套在明清两代尚有许多不符，更何况套在7世纪盛唐的高宗武后时代。当然作为小说它可以不拘泥于真实的人物、时代，尽管他写的是这个时代，又袭用了真人的姓名。因此，读者们尤其是熟悉唐代典章制度、世情文物的同志也大可不必拘泥。（高罗佩，2011：39）

非但用不着拘泥，其实也不需要惊奇。试想一下，土生土长的汉语小说《红楼梦》的人物和活动背景应当是清代的无疑吧？可是实际上，单就主要男性的服饰而论，读者却无法辨别他们的真实时代。谁能想得到，他们的服装多数取自中国戏剧的装束？可能为了便于表现小说中的人物身份和社会角色吧？再说贾宝玉在天下第一美人秦可卿的卧室所见到的各式摆设，也是各个朝代应有尽有，即便是混合了杨贵妃的床上用品、赵飞燕的梳妆器具，谁又能说这不是一种艺术创造呢？

看来文化的问题，实在是一大谜团。即便结合了史学上疑古派的"层叠说"，也不为过。原来，人们对文化的认识，是越"古"而越模糊，越"今"

而越清晰，所以，以今充古，非但不是"时代错误"，反而是历史认识论上合乎逻辑的情况。鲁迅先生所谓"人生识字糊涂始"，恰是搔着了艺术创作的痒处，又被历史学家们证明了。可见文化还原只是一种理念，而实际的情形要复杂得多，也难办得多。

我们一般倾向于认为，异语写作的目的是让目的语读者了解本体文化的内容，而无本回译则使得本体文化在本体语言中得到再一次的证明，并为本体文化读者提供一种异样的审视角度。这样的认识，至少比我们只强调宣传本族文化那样一种狭隘的民族意识要好得多。我想这也许是一种普遍的现象，而不是个别人的想法可以替代或掩盖的吧！读到高罗佩创作《大唐狄公案》的初衷，以及后来直接出英文版的想法，才知道一个有见识的异语作者或无本回译者，会有超过我们认识的"边缘人"的意识，并且成为在不同文化之间互通有无和相互理解的桥梁，起到推动人类文明进步的作用。这确实是难能可贵的。高罗佩在说明自己最早用英文创作中国传统公案小说的意图时说：

> 我做这一尝试的主要目的是要向现代的中国和日本读者证明，我以现代东方读者尚未欣赏过的创作风格写一部中国传统的公案小说是可能的。鉴于目前中国和日本的书市上充斥着外国惊险小说的三流翻译作品，而他们自己的传统公案小说则几乎被遗忘，我想我这样做是非常值得的。（高罗佩，2011：1-2）

接着，日本有人翻译了他最初的异语写作文本的日语版，并于1951年在东京发行。然后，高罗佩本人将其译成中文，取书名为《狄仁杰奇案》，于1953年由新加坡南洋出版社出版。两个文本在日中出版界均受到欢迎。高罗佩继续说：

> 我的主要目的达到之后，我又产生了一个新的

想法，这就是西方读者也许对这类新型的公案小说也感兴趣。因此，我决定自己出版《迷宫案》的英文版，其目的之一就是：鉴于有关中国的事情常常被西方侦探小说作家写进书中，我觉得西方读者很可能也有兴趣看一看地道的中国公案小说到底是个什么样子。（高罗佩，2011：2）

由此，我们也许可以推知：读者的兴趣意识始终是第一个值得注意的创作动机和翻译动机；创造一种新型的文学样式，例如中国公案小说，是专业作家的目的所在；一个有能力的作家，同时也可以是一个称职的翻译家，而且这是同一件事的两个不同的方面，或者为了同一个文学事业而采取的不同的方式和途径。

3. 作为普遍理论的无本回译

（1）文本分析与总体评价

关于《京华烟云》原文和三个汉译文本的细节分析，只想说明一点，那就是文本的细节分析应当是服务于总体评价的，而且要为之提供必要的、较为充足的资料支持。顺便强调一句：文本分析乃是中国文学批评的优良传统，结合语言学上文本分析和文学批评上的细读法，将会产生新的分析方法，可惜当今国内学术研究过于侧重理论套路，对此方法有所忽略。在国外，文本分析仍然受到重视，并有大量研究成果。

依据江慧敏（2012：223）的认识，林语堂的《京华烟云》各译本中，张振玉译本有更大的创造性，而在译本语言处理总体排名上，以郁飞译本为第一，因其忠实严谨，语言地道，文化到位，张振玉译本次之，郑陀、应元杰合译本又次之。但考虑到不同译本出台的早晚与当时大环境的条件限制，也就是说兼顾历史影响和译作质量两个方面，这些译本都是难能可贵的。至于具体评价，这里不再赘述。

（2）研究拓展

① 关于异语写作的作者类型，在金圣华等人较早研究的基础上，该理论提出了中国双语作家、国外华裔作家、外国作家三类，吸收了赵毅衡等人的论述，并有较为详细的讨论。

② 结合谢天振等人提出的文学翻译、翻译文学概念，进行了较为深入的讨论，就异语写作作者的国籍问题和写作的语言问题，以及林语堂《京华烟云》的中国翻译文学的归属问题，提出了有价值的见解，推进了相关研究，厘清了一些概念。

③ 对葛校琴提出的文本错觉、阅读错觉等概念，进行有价值的深入讨论，由此进入异语写作和无本回译作品的阅读问题。实际上，这已经临近原创作品与翻译作品的分解与融合的复杂关系了。沿着这一问题深入讨论，将会有重大的理论发现。

（3）理论推进

围绕林语堂的英语创作和汉语翻译问题，不少有识之士如葛校琴、赵毅衡、金圣华等皆有相当多的前期研究和详细论述，并有不同的提法和不同角度的认识。在作者类型的发现、对本体文化的理解程度、回译的性质等方面，可以说不乏高见。这实际上已经接近异语写作、无根回译、文化还原的概念性认识了，但由于叙述角度和术语概括的限制，尚未提出一系列彼此有关的理论范畴，进一步达到一种理论化的认识和表述。如前所述，本人在这一领域的研究，也经过了一个相当长的过程，从开始接触资料，到进行理论概括，再进行理论修订和总结成型，至今仍然在理论探索的过程中。在这一方面，江慧敏（2012）的研究对异语写作和无根回译等相关理论有重要推进、拓展和深化。例如：证明了异语写作和无根回译是一个普遍理论，不仅适合林语堂的《京华烟云》的英语创作和汉语翻译，而且适合一系列相关的课题研究；围绕《京华烟云》的个案研究，在引用海内外大量有关论述和相关研究的基础上，对于这一理论的整合和论述，有所推进；在翻译学本身及其与创作的关系问题上，她还进一步发现了该理论的内涵意义，以及三个有待进一步解释的论题。由于这些问题很重要，以下分别加以论述：

① 创作与翻译的趋同与渗透：这一思想是我在《英汉翻译综合教程》（王宏印，1989）的理论探讨中最早提出的，认为创作是翻译的基础和起点，翻译是创作的继续和完成。后来，经过回译讨论，特别是研究性回译的讨论，我和江慧敏进一步提出翻译不可倒逆的命题。这样，作为一个连续体，创作和翻译就成为一个统一的过程。创作中有翻译（潜翻译，部分翻译），翻译中有创作（再创作，创意翻译），这样，将二者联系起来。实践之外，在理论上，翻译批评是文学批评的继续、翻译理论是文学理论的继续等一系列命题的提出，帮助完成了这一跨学科研究的总体架构。

② 归化与异化的趋同与融合：作为翻译过程，归化与异化是一体化过程。也即笔者所论述的，从一开始，任何翻译都是异化的，即背离原作，朝着译作和译入语的方向归化而去。但作为翻译方法或策略，归化与异化可以并行不悖，或互相补充。这是中国学者对异化理论进行折中和修改的结果，也是我们的辩证法和互补论思维方式的必然，同时还继承了直译意译的论述思路，而无须加以任何根本性的变化和改进。恰好在异语写作和无本回译中，这一连续体又一次得到了较为清晰的，更加令人信服的解释和理论上的说明。

③ 不可译命题的淡化与深化：在翻译界，不可能与不可译问题常常被混为一谈，但二者其实是可以区分的。不可能问题是一个形而上的问题，其产生的原因是，语言不能充分表达意义，以及一种语言与另一种语言之间的彻底转换是不可能的。不可译问题则可以立足于一个具体的文本或文类来讨论，例如，诗不可译。虽然诗不可译可以作为一切文本都不可译的典型情况，但毕竟有了一个具体的设定而显得形而下，尽管诗也可以有一个形而上的设定（如纯诗）。所以，即便是诗不可译这样一个命题，也有了不可能和不可译两个不同的层面，其命题也往往是需要深入论述和仔细辨析的。

江慧敏认为无本回译使翻译的不可译问题淡化，该观点基于第三种假设（可译性是基于语言和文化两个层面的）提出。既然是回到本文化，用本语言来表达，就没有了文化的不可译，既然是一种语言与另一种语言之间的转换，涉及的是同一种文化，就使得语言之间的不可译问题大为减少。当然，在具体的文本和文类的翻译层面上，这样的结论是有一定道理的，即无本回译的难度在语言和文化两个层面上，可能有所降低或者有所淡化，但在一个更加纯粹而彻底的理论假设上，不可译问题不但没有淡化，而且其认识还有待加深。例如，无本回译对译者在语言、文化、翻译的能力和素质等方面的综合要求，以及无本回译无本可依和以本体文化作为终极范本的问题，都更为复杂多样，难以把握。进一步而言，还有与之有关的异语写作的难度，以及其中所包含的部分翻译与潜势翻译的问题，特别是一种文化只能用其本族语来表达（尽管未必是充分的表达），抑或一切语言对人类文明都具有同等表现力（如奈达所言）的问题。这一对命题的真实性并不因彼此相反而相互抵消，也不应因相辅相成而彼此证明。还有，在异语写作到无本回译过程中的作者意图与读者意识的转化，以及文本错觉与阅读错觉的存在，都使这一对相互依存的理论范畴有了值得进一步讨论的问题。综上所述，针对以异语写作为基础的无本回译，不可译性和翻译之不可能，不是只有淡化的一面，而是有了更加深入的理论探讨的一面。

不妨较为集中地讨论一下"无本回译"理论的普遍性问题。一种理论有没有普遍性，一方面，看其所概括的对象是不是普遍存在的；另一方面，看其理论范畴和论述的范围能否囊括此类现象。以下就这两个方面进行说明。

到目前为止，我们所讲的问题，基本上还局限于中国文化本位的眼光。也就是说，我们以中国文化作为本族文化的本体和文本回译的依据，以中国作家的英语创作作为异语写作的典型，以汉语作为唯一的文学表达语言和回译的语言。然而，这样一种表述建立在我们研究中国文学和文化的视野之内，无形中假设了"除此之外，别无他店"的狭隘视野。对此，只要找到一个例子，就可以说明这一现象不是中国文化、中国语言、中国作家所独有的，因而把问题提到了普遍性的高度上。

> 以上是异语创作的中国内容作品的"无根回译"问题。如果说这仅局限于中国作家描写中国题材的话，那么，世界文学中也存在同类的作品，例如，冈仓天心（Okakura Kakuzo, 1863—1913），日本近代文明启蒙最重要的人物之一，与林语堂一

样致力于向西方宣传东方，尤其是日本文化。作者晚年在欧美做巡回讲座，针对美国和欧洲的大众直接用英文写作并出版了三部散文集：《东方的理想》（*The Ideals of the East*）、《日本的觉醒》（*The Awakening of Japan*）、《茶书》（*The Book of Tea*），这些作品后来被译成日文。冈仓天心的经历和林语堂的相似之处是，他也曾定居欧美多年，学习并掌握了英语。同样是出于介绍和弘扬本国文化的初衷针对西方读者用英语直接创作。这种用英文创作的日本题材的作品在返回日语时，在翻译类型上同样也属于"无根回译"。（江慧敏，2012：239）

江慧敏所提供的这个例证是独特的，很有价值，但我相信，这肯定不是孤证，有心人仍然可以找到很多其他文化中人用异语写作并返回到本族语和本国文化的例证，特别是西方人用汉语创作的，描写本国文化的作品，而这些作品也有一天要翻译成本国语言为本国读者所阅读。我们甚至可以找到更为久远和特别的例证。例如，古希腊历史之父希罗多德在其著作《历史》中，曾经描述了埃及男子织布，女子外出购物等习俗，并对照西方习惯描述了织布机的详情和操作的不同，当然还有其他许多异国习俗。他的写作语言是希腊语，我们现在能读到的是英语译本，并要将其翻译为中文，但我相信，一定有埃及读者会读到《历史》埃及语的现代译本（王宏印，2011：121）。

就这一部分内容而言，埃及文化经过了希腊语的写作，中间又经过了英语的翻译，再返回埃及语译本，无论这一过程如何复杂，最终都会回到用本族语描述本地文化这样一种殊途同归的现象。同样是异语写作，同样是无本回译，甚至中间还多了一个中介语翻译，而且多亏了是世界通用的英语，否则其普遍性会受到削弱。说到世界通用语，就不能回避用英语进行写作，这已遍及世界各国文化，小的如欧美人类学家用英语写作的人类学报告和编写的人类学手册，大的如世界历史的编写，例如，*The World Before 1500* 和 *The World Since*

1500, 作为一种国际化的写作，其实用性就更加普遍了，而问题也就更为复杂深奥和变幻莫测了。

说到异语写作的语言问题，我们一般会认为，外国作者会用本族语来创作反映另一种文化内容的作品。其实，这种说法仍囿于一种固定的、未加论证的思维习惯。只要举一个例子就可以打破这种说法。例如，荷兰作家高罗佩的《大唐狄公案》就是用英语创作的，但英语并不是他的本族语，当然，这和他当时的创作意图不无关系。

> 开始的时候，他打算向日本和中国的读者表明，中国传统的公案传奇远比当时在东京和上海书摊上卖的那些翻译过来的西方侦探小说高明。于是，他用英文继续写下去。英文是他的另一门外语，而他对这门外语十分精通。（高罗佩，2011：12）

需要指出的是，译者之一陈来元所谓的"中国传统的公案传奇"比西方侦探小说高明，准确地说，应当指高罗佩创作的"新型的公案小说"或"地道的中国公案小说"。人们可以说，这只是一个简单的例证，可能没有什么，但是，它可以打破我们久已形成的偏见，而且可以使我们貌似简单的推论相形见绌。这样一来，我们就必须进入这样一个领域，即如何可以创造一套普遍适用的范畴，来涵盖这一具有普遍性的理论现象。我们不妨从改造本文所涉及的若干基本范畴开始推进我们的工作。

4. 无本回译的若干范畴

以下是一个简要的分类，需要我们重新解释或说明一些词语的意义。

（1）写作类型与作者类型

本国作者、外国作者、侨民作者，不管使用何种语言进行写作，凡是写作的内容不是本语言所直接指代的事物，特别是特定的文化内容，就称为异语写作。相对于一种特定的文化而言，作者可能是认同它的土生土长的本族人，可能是不完全认同它而只对其感兴趣的外国人，还可能是离开自己本族文化的侨民、移民等具有更加复杂的文化身份的人。在本土文化以外的写作，就称为异域写作，用本族语写作的称为本族语写作，有时也可以用双语写作。但实际上，双语写作总是潜在的，这主要指同一位作者有可能采用两种语言进行创作，也可以指在同一部作品中兼用两种语言进行写作的状态。如果交替出现两种语言，就可以称为语言置换。但如果是同一位作者用两种语言创作同一部作品的两个文本，则是典型的双语写作了。总之，凡所写文化内容与所用语言不一致的，皆称为异语写作。

（2）翻译类型与回译类型

旨在回到原文并检验翻译质量的回译，称为检验性回译。旨在研究翻译过程或翻译机制等的回译，称为研究性回译。不存在原文，而是依据异语创作的文本返回本体文化的回译，称为无本回译，即原先所谓的无根回译。曾经有过原文，后来丢失或不明真相的，企图恢复原文本的做法，称为古本复原。假若不属于翻译，而是创作，但假托翻译，就是伪翻译或伪译。在异语写作中可能存在一定的翻译过程或机制。相对于无本回译本身，可称为前翻译，相对于明显的翻译，可称为潜势翻译，其中相当一部分内容为文化翻译，其他则是写作，所以整个过程也可称为部分翻译。如果译者侨居在外国，翻译当地文化作品，则称为侨居地翻译。

（3）文化类型与错觉类型

一种文化，在其本地用本地语言写作、翻译、研究，均称为本位文化，反之，则称为客位文化。在写作或翻译中，其文本内容涉及两种以上文化并且频繁地从一种文化转移为另一种文化的，称为文化转移。在无本回译过程中，可针对读者对本体文化的理解差异，通过文化信息的增删手段处理文化还原，或者通过语句的分合等语言手段进行文本还原，为的是让回译文本更符合读者习惯。由于语言和文化的错位，阅读某些写作的文本，特别是异语写作的文本，会产生翻译文本的感觉，这叫阅读错觉或文本错觉。而由于回译产生的文本错觉称为回译错觉。由于无本回译的文本变动所造成的错觉，称为无本回译错觉，其中文本的阅读效果和作者身份是影响错觉的主要因素，但是归根结底，读者的心态和阅读经验，是各种错觉的最终实现者和体现者。

（4）文学类型与翻译文学

言说者以某一国别文学为基本，可称为本国文学，为加以区分，其他为外国文学，早先有称为域外文学或异域文学的。比较文学是将两国文学进行比较，以寻找影响关系、模式差异或互相阐释的活动，但也有通过翻译进行文学比较研究或试验的。相比之下，世界文学只是一个模糊的术语，它可以指全世界文学的综合，也可以指本国文学以外的文学总体，还可以指达到国际水平的文学等。我们可以把用一种语言所书写的非本体文化的文学称为异语文学，即经过异语写作的文学。从一种语言转向另一种语言的文学翻译活动，称为文学翻译。达到文学创作程度或水平的，可称为翻译文学，有时翻译文学也可指文学翻译活动及其作品。翻译文学是从民族文学或国别文学进入世界文学的必由之路。但有的地方把民族文学等同于本族的少数民族文学。原则上，它应属于本国文学，但有别于本族文学（即狭义的本民族文学）。

不过，争论翻译文学属于哪一国别文学，似乎没有意义。不应当简单地认为翻译文学归属于某一国别文学，凡是前面加了某一国家名称的翻译文学史，例如，中国翻译文学史，理应包括在中国发生的外国文学的汉语翻译，中国文学的外语翻译（包括中国文化典籍外译），以及少数民族文学的汉译或民族语和外语翻译。极而言之，文学与翻译文学的国别归属，是依据作者、译者国籍，创作与翻译所用语言（译作则指译入语），以及创作与翻译所涉文化内容这三个维度来衡量的。这一问题的讨论，有待深入和规范。

有关《京华烟云》所引起的长达五年多的思考和讨论，就此可以告一段落，但后续部分的研究，则较多地借鉴了《大唐狄公案》的翻译及其他翻译文本的阅读，在思辨的经验层面上，推动和修正了异语写作和无本回译理论的完整的文本表现。一段京华往事，引起译坛烟云，仔细想来，也颇有意思。所谓理论的研究，如果没有个案的积累，敏锐的观察，精深的思考，以及反复的修改，也不可能达成。所谓创造和创新，谈何容易！

参考文献

- 傅雷. 傅雷文集：书信卷上 [M]. 合肥：安徽文艺出版社，1998.

- 高罗佩. 大唐狄公案——断指记 [M]. 陈来元，胡明，李惠芳，译. 海口：海南出版社，2011.

- 江慧敏. 京华旧事，译坛烟云——论林语堂 *Moment in Peking* 的"无根回译" [D]. 南开大学博士论文，2012.

- 金圣华. 从《家书》到《译文集》——傅雷夫妇逝世二十周年纪念 [M]// 傅敏. 傅雷谈翻译. 北京：当代世界出版社，2006a：150-163.

- 金圣华. 从"傅译"到"译傅"——兼谈文学翻译中的"探骊"与"得珠" [M]// 傅敏. 傅雷谈翻译. 北京：当代世界出版社，2006b：164-186.

- 王宏印. 英汉翻译综合教程 [M]. 西安：陕西师范大学出版社，1989.

- 王宏印. 文学翻译批评概论 [M]. 北京：中国人民大学出版社，2009.

- 王宏印. 世界文化典籍汉译 [M]. 北京：外语教学与研究出版社，2011.

- 赵毅衡. 名士高罗佩与他的西洋狄公案 [J]. 作家，2003 (2)：94-96.

九 中华民族文化典籍与翻译研究

——"四大落差"及思考基点[10]

1. 引言

如今，我们常说中华民族是一个多民族国家的共同体，当然，这经历了一个认识的过程。"四大落差"概念的发现与提出，是在这样一个大的历史认知背景下才可能发生的。

2. 中华民族多元一体的主体文化概念

在漫长的中华民族的历史上，各民族经历了迁徙与杂居，战争与和平，通婚与融合，文明的教化与人文的归化，形成"汉人夷化"和"夷人汉化"的双向运动机制。自秦皇汉武以来，"书同文，车同轨"的统一制度和民族融合的基本国策，使各民族处于持续的相互交往与影响之中，周期性地实现了各民族之间的融合与分化。作为一种历史演化的结果，民族认同和区别都是相对的。由于西方列强的入侵和国内形势的变化，近代出现了这样一种观点：中华民族是一个统一的民族，拥有统一的名称，它的内部区别只是地域的而非民族的，

---

10 原载《民族翻译》2016年第4期，5—13页；2017年第1期，11—19页；2017年第2期，5—10页。民族文化典籍，也称作民族典籍。

习俗的而非部族的，文化的而非种族的，文化人类学的而非体质人类学的。这种观点强调一种同宗同种的根源感和先入为主的优先权。

中华民族自觉意识的觉醒，初起于近代以来列强对中国的侵略。20世纪初期，在革命派与维新派关于中国民族构成的论辩中，"中华民族"一词开始出现，并由专指汉族逐渐发展为包括中国各民族在内的统称。辛亥革命之后，中华民族共同体意识开始形成（贾宜，2013）。

当然，这一共同体意识的形成，一方面反映了中华民族历史上多源共生、民族文化并存的基本事实，以及大一统的体制习惯与独立、自由精神的延续，另一方面，也受到了近代以民族国家（nation-state）为基本单位的国际秩序的影响。在当时的形势下，这有助于中华民族作为一个整体从帝国主义列强的束缚下解放出来，体现了中华民族在多元一体框架内建构民族国家的努力。

民国时期的国学大师章太炎关于"中华民族"的观点和解释，可谓典型。

"中华"一名的由来，虽然渊源已久，但就其不限于本义"华夏"而言，起于近代。国学大师章太炎对这一名称做了解释，并且发表了一种可以称为中华民族文化观的博大观点：

> 中华之名词，不仅非一地域之国名，亦且非一血统之种名，乃为一文化之族名。故春秋之义，无论同姓之鲁卫，异姓之齐宋，非种之楚越，中国可以退为夷狄，夷狄可以进为中国，专以礼教为标准，而无有亲疏之别。其后经数千年，混杂数千百人种，而其称中华如故。以此推之，华之所以为华，以文化言可决知也。（章太炎，1907-7-15）

按照这一观点，中华民族就是一个在一种礼教传统中可以容纳不同民族，包括汉族和其他兄弟民族的文化实体概念，类似于现在的"文化中国"。当然，这一观点自有其学理上的根据，而不仅是适应当时的民族关系和国家发展的需要。事实上，著名历史学家陈寅恪所持的"文化民族主义"的观点，也有类似的社会历史认识论的根据。我们只要对照"西方"的对应观点，思考一下这种文化实体观念的普遍性，就可以得到一种关于文化的认识：

> 我所试图定义的"西方"并非一个民族，而是一种由好几个民族接续传承下来的文明。在这种文明的传承历史中，（这个概念）包括了一些不同种族的人，他们自愿接受一些不属于其群体原本价值的外来价值。我想到了希腊化的罗马人、战败后心甘情愿地接受拉丁文化的高卢人（他们中有两代或三代人曾完全放弃了自己的语言）、大批皈依基督教的欧洲异教徒，之后信奉基督教的欧洲人自己决定将罗马法和古希腊科学收为己用，把那些过去视为自己的往昔，作为自己的规范、想象和身份的根源。（尼摩，2009：引言4）

当然，中国的情况与西方不同。西方的欧洲是在更广的范围内和多种族融合的历史进程中，特别是向着某种统一的宗教皈依的过程中，显示其文化价值的。中国处在一个相对封闭的大陆板块上，从代表农业文明的中心向四面边远地区逐渐扩展，或相反，由代表游牧、渔猎文明的边缘进入中心，在反复交往中，逐步完成各民族的交融和同化过程。这一历史过程，体现在大量汉族文史典籍和兄弟民族的口头传说与书面记载中，形成了色彩斑斓又各具特色的民族文化，而周期性的治乱模式和朝代更替，使得民族关系既十分复杂，又趋于同一。全国性的民族普查和身份识别的任务，历史性地留到了1949年中华人民共和国建立以后，成为人民政府的一项艰巨的工作。当然，作为一项适时的、必要的工作，它本身也是一项有利于正确处理民族关系的基本工程。它关系到民族团结的政策的制定，民族区域自治和民族自治权利的行使，以及发展民族地区的经济、文化等具体工作。从效果上来说，这次调查达到了预期的目的，奠定了以后民族工作的认识基础，并为相关学术研究提供了基本资料。

3. 民族文化与典籍翻译的四大落差

诚如上文所言，中华民族的共同体意识起源于近代社会，然而这种大一统的认识要进入现代学科的知识结构，才能对当下的民族典籍翻译起到应有的指导作用。翻译与研究民族典籍，需要关注汉族和其他各民族的典籍，基于民族学、文化学、文学、翻译学方面的认识来开展。这是不言而喻的。

中国地域广阔，历史悠久，各民族的发展很不平衡。就大势而言，就各民族的发展情况而言，就各民族的自然生态环境和社会文化生活而言，各民族之间存在着明显的差距。从大量的历史资料和新发现的资料来看，从民族文化形态和文学作品的样态来看，我们都可以发现以下四种明显的落差：时间和时代落差、文明和文化落差、文学和文本落差、翻译和传播落差。这种发现有利于我们建立多元历法与计时续统的知识体系，探讨人类文明史和文明形态重新排序的可能性，观照考古与文学的相互作用，追溯有关翻译机制的基本线索。这四个层级不能截然分开，它们形成了一个交相辉映的整体运作机制。本文将详细论述这四大落差，说明其认识的依据和民族文化内涵。

（1）时间和时代落差：多元历法与计时续统

关于时间和时代落差，首先要注意到这样一种普遍现象：在以汉族为主体的中华文明史籍中，人们往往可以看到，汉族以外的许多民族，即如今的少数民族，其出现和发展情况大都在主流文化视野之外。最早的文字记录，常常先见于汉语文献，而且有许多不确定的说法，后来才逐渐形成了一种比较确定的认识，或者说，才逐渐建立了比较可靠、可信的知识结构，但一些少数民族的起源和发展情况，至今仍然有许多不明确的地方。这就给人一种印象：似乎汉族是起源最早的民族，而其他民族都是后来才出现的，或者逐渐进入汉族的视野的，因而各民族之间在起源和发展的时间上有一个相对的落差。

> 大体说来，虽然周秦时期就有说法（例如南蛮北夷），但到汉代则较为明显（例如匈奴），而较为普遍的文献记载，大约要到唐宋时期，有的民族

（例如赫哲族），直至清代才形成或正式命名（例如满族）。这样，就形成一种事实上的时代落差，似乎少数民族不是单独发生或存在的，而是依赖于其他民族才发生或存在的，甚至形成一种普遍的认识，认为少数民族在起源上晚于汉族或其他人口较多的民族，或边远民族晚于中原地区各民族，等等。这样的认识，例如在民族起源的地区分布上，随着近世以来在南方和北方地区考古学的不断发现和黄河长江流域的考古发现的对照研究，已经得到一定程度的修正……但是，作为具体的民族的认同和命名，似乎还需要一些例证，才能看得清楚一些。（王宏印，2016：47-48）

以西南地区人口最多的少数民族——壮族——为例，了解其名称可得到有关该民族的若干知识。壮、布壮，是壮族比较普遍的一种自称。此外，壮族还有多种自称，如布越、布土、布曼、布陇等，约20种。这种种自称，反映了壮族人民在历史上自我认同的复杂性。原因包括壮族人分布广且彼此分隔，壮族人常被"分而治之"等。其中的"布"字，是"人"的意思，与其他词语搭配，就有了"山林人""土人""村人""我族人"等意思，这经历了一个复杂的变化过程。

"壮"，汉文古代文献中写成"撞"或"獞"，最早出现于南宋……广南西路经略安抚使李曾伯，于南宋淳祐年间（1242—1252）在上宋理宗赵昀的《帅广条陈五事奏》中说："如宜（今广西宜州）、融（今广西融安）两州，则淳祐五年亦有团结旧籍，在宜州则有土丁、民丁、保丁、义丁、义效、撞丁共九千余人，其猗撞一项可用。"上述"撞军"、"撞丁"指的是壮族武装组织及其所属士兵。到了元代，"撞"的含义发生了变化，已不是指特定的武装编伍组织和士兵……称为"撞人"或"撞民"。明清以后，文献上作为族称的"獞"，和当时的苗、瑶、侗、僚、仡佬等一样，多被写成反犬旁，是带有侮辱的称谓，反映了统治者的民族歧视观念，民国以后，才改为人旁（单人旁或双人旁）。(《壮族简史》编写组，2008：10-11）

众所周知，"壮族"这一名称，还是在中华人民共和国成立以后确定的。也许这只是一个特例，反映了当时民族普查和民族认定的具体时代背景和政策导向。不过，按照常理，民族起源情况应当既存在于当地的口头传说（甚至书面记载）中，也存在于汉族的史书记载中，两种形式互为参照，构拟出一个民族的历史发展过程，弥补以往此类研究之不足。事实上，少数民族自己的口头传说和史传作品，以及如今出版的多卷本民族历史，都可以反映这样一种民族史学的进步性和确定性。当然，我们还要密切关注历史上流传于国外的，中国各民族的历史和文化资料，并且适当地吸收国外的研究成果，使其服务于我们的民族历史文化研究，为新常态下的民族团结和共同繁荣贡献力量。

时代落差的一种具体表现是，汉族和其他民族的纪年方法存在着历史性的巨大差距。质言之，在当今统一的公元纪年以前（甚至与公元纪年并行），汉族长期以来使用着与农业文明相适应的农历（阴历），其他少数民族则使用过各种各样的纪年手段，造成极不统一的纪年方法。这种复杂的现象说明了我国多民族历史文化的丰富性，甚至古代文明起源的多样性。

彝族曾经使用过两套具有典型意义的历法系统，即"十月太阳历"和"十八月太阳历"。前者将一年分为10个月，一月为36天，年末剩余的五至六天作"过年日"。过年通常为五天，每隔三至四年增加一日为六日。平均每年为365.2422日，与太阳回归年接近。"十月太阳历"以十二属相纪日（各地十二生肖的畜兽有所不同），一月为三个属相周，一年正好30个属相周，一年又分为五季，每季两个月，双月为雌，单月为雄。此历法以太阳运动定冬夏，以北斗星的斗柄指向定寒暑。后者把一年分为18个月，每月20天，全年360天，年末剩余的五天作过年日。（朱崇先，2008：6）

　　值得注意的是，如何认识和评价这种古老的纪年法的历史和文化价值，如何认识和评价这种古老的纪年法与现在国内仍然在使用的阴历以及国际惯用的公元纪年法的关系。一方面，从文明史的角度而言，可以认为，"彝族十月太阳历堪与玛雅文化中的历法相媲美。这种历法渊源于远古的伏羲氏，有上万年的历史，它把我国的文明史追溯提前到了埃及、印度、巴比伦三个文明古国之前，引起了世界的震惊"（朱崇先，2008：296）。但另一方面，从计时的准确性、合理性，以及使用的普遍性而言，可以有不同的认识和评价。

　　历史上，在我国北方诸多民族中，蒙古族是一个历史悠久、活动范围广泛的民族，一个驰骋于北方草原的游牧民族，一个曾入主中原并建立元朝，影响欧洲，甚至世界文明进程的古老民族。在成吉思汗时代以前，蒙古族曾经使用过多种纪年方法，显示出与中原传统阴历之间的巨大差距，与南方民族的纪年历法也大不相同：

　　　　　　蒙古族最早采用"草木纪年"，即以青草一度为一岁。后来从草木纪年发展到十二动物名称纪年，后来又采用了十二生肖和干支纪年并用的方法，史籍文献《黑鞑事略》《蒙鞑备录》对此有记载。至忽必烈建元时，也采用历代纪年法。此外，蒙古族还用蓝、红、黄、白、黑五色各分阴阳成十个数，再与十二动物名称相配的方法纪年。有些地区采用藏族以五行木、火、土、金、水各分阴阳与十二动物相配的纪年方法。成吉思汗时，耶律楚材观星占卜，执掌天文历算，不仅编制有《庚午元历》，并引进了"里差"的概念。（包和平等，2004：351）

从认识发生论的角度而言，要认识和理解任何一个民族，都必须深入其中。如何认识各少数民族的纪年历法和汉族的纪年历法，如何认识中国的纪年历法和西方的纪年历法，以及如何理解各民族历史文化和文明形态之间的时间落差和历史落差，都是十分复杂的问题，需要结合民族的生态环境、生产生活，以及记事与计时的独特方式，给予更多历史文化方面的关注和更为审慎的专业研究，才能下结论。

在史学和文学中，时间序列隐退到潜在的框架背后，成为一个参照序列。这一序列本身有一定的象征意义，而一部作品的出现本身也具有时间标志的意义。一个典型的现代实例就是汉族学者陈寅恪先生的代表作《柳如是别传》的撰写、出版和记事与落款续统。关于《柳如是别传》的意义和成书，坊间已有颇多文字，兹引录一则以鉴之。

> 完成于1954—1964年之间的《柳如是别传》，是一部以近代所见的那种百科全书派学者的视野与气势，来研究中国17、18世纪之交"天崩地解"的"民族大悲剧"时代的巨制。作为一部杰出的史著，它与当代世界的心智史、心态史、妇女史等新史学有同步的发展，并成为建设新世纪中国人文史学的宝贵资源。卞孝萱先生说，据学者统计，《柳传》引用诗词戏曲文集约240种，正史、野史、年谱等约170种，方志约50种，儒佛典籍、笔记、小说等约145种，共600种以上。（姜伯勤，2001-4-18）

国学大师陈寅恪晚年双目失明，在助手黄萱的帮助下，用十年时间，完成了以诗证史的学术名著《柳如是别传》。这本书有深刻的民族文化意义。它参考大量诗词，以晚明时期秦淮风尘女子柳如是的生平与文学创作资料为原本，考证了她与抗清名士陈子龙，以及先降清，后抗清的文豪钱谦益的感情纠葛和婚姻始末，曲折地表达了由历史变迁所引发的中华民族自由独立精神之感怀。有趣的是，这段明末遗民抗清的历史，到底该用晚明年号还是清朝历法，却使陈寅恪先生犹疑再三，在全书正文写完之后，还念念不忘要写一个《附记》，以便把作者的历法选择当作历史叙事的时间依托之文化根据昭示后人：

> 附记
>
> 史家记事自以用公元西历为便，但本稿所引资料，本皆阴历。若事实发生在年末，则不能任意改换阳历。且因近人所编明末阴阳历对照表，多与当时人诗文集不合，不能完全依据也。又记述明末遗民之行事，而用清代纪元，于理于心，俱有未安。然若用永历隆武等南明年号，则非习见，难于换算。如改用甲子，复不易推记。职是之故，本稿记事行文，往往多用清代纪元，实不获已也，尚希读者谅之。
>
> 钱柳逝世后三百年，岁次甲辰夏月，陈寅恪书于广州金明馆，时年七十五。（陈寅恪，2001：附记2）

这则郑重其事的《附记》令人感慨，记叙作者年龄的署名方式与饱含着对主人公命运哀叹的落款时间、落款方式也发人深思。我们不仅看到了一代学人在面临历史叙事时间序列时的矛盾心情和无奈选择，而且看到了他严谨的学术精神。这也引发了我们对民族文化的时间与时代落差的感悟。作者选择了清朝历法作为叙事时间，在署名落款中用了甲子年月，这不仅和我国文人传统的书画落款相符合，而且使整部作品充盈着一种古雅之美。

（2）文明和文化落差：重排文明演进序列

在我国现有的56个民族中，除了地域性的区别以外，不同的民族可能处在不同的社会发展阶段和不同的文明形态中。换言之，在以汉族为主的中原文明步入农业文明以后，在很长的历史时期内，我国南方和北方的大部分少数民族，仍然处于原始社会或较早的文明发展阶段，居于山地的民族在狩猎，居于河海之滨的在捕鱼，居于草原的在游牧。不同的文明形态具有与之相适应的社会结构和意识形态，也就出现了相应的文学艺术和文化典籍作品。文明的落差包括文明形态的不同（在文化相对论的意义上，不同的文明形态并行不悖，需要平等对待），而文明形态的阶段性和序列性则显示出发展情况的区别。这是从社会发展观与进步观来看问题的一种认识。在20世纪50年代的全国性民族辨认和社会调查中，这一认识得到了大量案例的支持，曾经为中华人民共和国的建国方略和民族政策奠定了基础。

调查结果发现，这些民族地区的社会经济发展极不平衡，有的尚处于原始公社阶段，有的仍然存在奴隶制或农奴制，所以要根据不同的情况进行必要的社会变革，当然是在新的政府的领导下进行的。因此，民族识别不仅仅是调查，也有相当的社会协调工作在内。总之，这项调查工作基本上查清了各少数民族的族别和人口分布特点，摸清了各少数民族的社会经济结构的特点，为在民族地区实行民族区域自治和进行民主改革提供了系统的科学依据。有关少数民族社会历史状况的调查，叫作"社会历史调查"，属于人类学的田野工作，要求填写"社会历史调查提纲"（包括婚姻状态、家庭结构、自然环境等，而且涉及社会习俗、宗教信仰及精神价值等），但也有口头的谈话内容提纲，属于问卷

调查一类。（参见王宏印，2016：21）

事实上，在我国古代历史文化典籍的描述中，可以看出一些少数民族在体貌特征、生活习俗和社会心理行为方面的区别性特征。这种特征常常是综合性的、印象式的，混同于具体历史事件的简短记录，以及当事人或作者的道听途说，而且往往极为简略、笼统。

> 关于中国南方原始族群的文献记载，大多出于春秋战国之后的汉文典籍，而且大多是根据前人的口头传说。如《尚书·吕刑》载："皇帝哀矜庶戮之不辜，报虐以威，遏绝苗民，无世在下。"……《史记·周本纪》载：古公（周太王）长子太伯、次子虞仲"二人亡如荆蛮，文身断发，以让季历"。《索隐》载："越在蛮夷、少康之后，地远国小，春秋之初未通上国，国史既微，略无世系。"（刘亚虎等，2001：中卷绪论2-3）

透过汉族史籍的记载来认识少数民族，总有一种历史的、特定的、民族的视角。从这些描述中不仅可以看出南方和北方少数民族与中原汉族的文明史在阶段上的先后顺序，有无文字记载的显著差别和文明落差，而且可以看出各地习俗的不同，以及各民族之间因交通困难而导致的认识上的局限。关于这样一类认识，我们不难找到更多的例证。

这种文明阶段的明显落差，不仅使我们在现代社会有可能看到人类原始的、早期的社会形态的留存和记录，而且使我们在一个相对稳定的社会环境中，在更为先进的民族文化理论观照下，有可能将这些较早社会的不同形态，按照谱系排列，从而找到极为珍贵的人类文明史的发展演变规律，或者对现有的进化理论做出某种补充或修正。20世纪90年代，笔者第一次去云南进行学术交流，发现云南竟然有20多个少数民族，处于完全不同的生态环境和文化环境中，十分感慨。

完成上述任务的困难，不仅在于人类文化环境的不可复制性，而且在于，梳理这些复杂的历史形态学资料的理论依据的缺失。摩尔根的蒙昧、野蛮、文明三阶段论富有启发性但过于简略，人类学和民族学研究早已转向对文化功能的描述而舍弃了这种连线式的努力了。

在中国历史的宏伟舞台上，我们可以看到，一个强大的、居于主流文化地位的民族的形成和发展壮大，需要什么样的历史条件，在理论上又是如何实现的。例如，汉唐以来，中国封建文化进入上升通道，在民族关系层面，人们该有什么样的认识？雄才大略的政治家唐太宗似乎可以被视为推进民族团结的典范，民族关系史研究为此提供了证据。

> 文化相对处于先进地位的中原农耕区汉族人民，对北方游牧人及游牧文化是抱有一种宽容接纳和积极学习态度的。虽然也不乏自视先进、鄙薄异族的事例，但总的来说还是能接纳和学习的。其突出者如唐太宗就曾说："自古皆贵中华，贱夷狄，朕独爱之如一。"又说："夷狄亦人耳，其情与中夏不殊。人主患德泽不如，不必猜忌异类。盖德恰，则四夷可使如一家。"（云峰，1997：4）

也许我们可以在这里强调一下文明与文化的区别。文明指一个民族所处的文明阶段和所属的文明形态，如狩猎与采集，游牧与农耕，工业化与信息化社会等，而文化指一个民族的典章制度、精神产品，如社会习俗与文学艺术。两者的区别是相对的，它们彼此渗透和交织。例如，关于李唐王朝的建立及其在中国历史上的地位，陈寅恪先生有过专门的研究。他的研究注重从边疆史和民族融合的角度开展，考察改朝换代时期的各种阶级关系，尤其是统治阶层内部，社会政治集团的变迁与权力重心的转移。在他的研究和论述中，文明与文化呈现出一种混合状态，带有民族融合的大气度。他认为北方游牧民族为中原汉族文化的发展注入了新鲜血液。

　　　　　　　　寅恪先生考订李唐的氏族，认为其男系为一纯
　　　　　　粹之汉人，但因北朝以来胡汉长期杂处、西魏北周
　　　　　　的改姓及胡汉的通婚等因素，沾染了不少胡族的血
　　　　　　液，《李唐氏族之推测》后记云：李唐一族之所以
　　　　　　崛兴，盖取塞外野蛮精悍之血，注入中原文化颓废
　　　　　　之躯，旧染既除，新机重启，扩大恢张，遂能别创
　　　　　　空前之世局。……中西方在中古时代，都有低文化
　　　　　　的民族迁徙到高文化的地区；外来的文化，对本土
　　　　　　已衰落的高文化，带来重大的冲击。寅恪先生论胡
　　　　　　族的活力注入中国，令唐朝文化灿烂辉煌，这对我
　　　　　　们理解唐史，提供了重要的线索。（陈怀宇，2013：
　　　　　　344–345）

　　如果说陈寅恪的民族研究偏于文明史，王国维的民族研究则偏于文化学。
运用同样的文化融合原理，王国维先生曾研究过元朝的兴起对中原汉族文化的
影响，特别是对宋元戏曲兴起所起的关键作用。他认为，正是蒙古族的勇猛强
悍，造就了宋元戏曲的朴实可爱，使其成为一种至情至性的文学样式。中国社
会科学院文学研究所的杨义先生，几乎以同样的民族关系视野和现代学术精
神，评价过蒙古族史传文学的开山之作《蒙古秘史》的文体风格和历史地位。

　　假若我们不以固定的眼光来看待汉族和少数民族之间的文明或文化差异，
而把注意力暂时集中到某一个少数民族建立的政权及其文化状况上，即以该民
族一时一地的固定的图景，来说明它的文明状况和文化构成，那么，我们至少
暂时拥有了一种文明与文化合一的集合体的观感。在这方面，历史学家黄仁宇
给我们提供了一些典型案例。

　　　　　　　　北宋之东北是契丹所成立的朝代——辽。契
　　　　　　丹属蒙古语系，他们活跃于图上之地区已逾三百
　　　　　　年，即使仿效中国朝代所成立的辽，也比宋早出现

五十三年。辽之国君通文墨，他们的文字在公元920年即已出现，并曾接受过高丽、回纥、吐蕃的朝贡。在宋代出现之前，甚至在浙江称为吴越王的钱家也曾向契丹之辽朝贡。不仅契丹所占的中原领土有汉人的官僚治理，而且辽境后方，据目击者的报告，无数之官吏、文人、工匠、优伶、武术家和僧尼也来自中土，由是也可见得其汉化程度之深。这半汉化国家的组织能力，比与汉和唐对抗的单纯的游牧民族要厉害多了。那些单纯的游牧民族所恃，不过疾风迅雷的冲锋力量。

西夏也不是单纯的野蛮人。他们组织的半汉化国家在初唐时即曾活跃于它日后占领的地区，当它在四百年后与宋人抗衡时，一个汉化的政府早已存在。西夏文以藏语为基础，重要的儒家经典早已翻译成书。羌人则属藏族，此时多数已操农业。（黄仁宇，2007：148）

不必讳言，作者的观点和措辞与一般的历史书有所不同，有些未必恰当，例如文中的"中国朝代"，似应为"中原朝代"。但是，仍可以从中看出一些要点，与我们关心的问题有关：

① 少数民族建立的政权，并不限于元朝和清朝这两个全国性政权，还包括若干地方性政权，其统治时间有长有短，地域有广有狭，与中原或中央政权的亲疏关系也取决于当时的历史情势，不可一概而论，但都属于中华民族历史上的政权。

② 这些民族所处的文明阶段，不一定是纯粹的、概念性的，而有可能是过渡性的、综合性的。这些民族的生活方式，可能不是单纯的、游牧式的，而是半游牧式的，甚至农耕式的；其文化状态，可能也不是纯粹民族的，而是半汉化的；其人口分布状态，可能是与汉人杂居和共同生活，甚至共同管理政治

事务和宗教事务的状态。总体上呈现出交融的集合状态。

③ 在政权存在的时间方面，少数民族政权与中原政权各朝代有前有后，有时会同时存在。在语言文字方面，有的少数民族语言与汉语同属于汉藏语系，有的少数民族文字借用或仿照汉字。少数民族翻译和学习汉族经典文献的活动，帮助他们与汉人顺利交往。

至此，可以大体总结一下文明与文化落差的问题。一方面，从社会发展史的角度来看，一种显性的、线性排列的文明阶段史是可以成立的，在此可以找到每一个民族的历史坐标位置及其相对落差；另一方面，每一个民族都处在文化交融和过渡的状态中，因而纯粹概念式的民族和民族文化，只是理论上便于讨论和表达的概念，与实际情况总有些偏差。总之，既要从社会历史的序列性中认识社会发展的动力和方向，以体现进步性，又要从社会存在的综合体现中，认识民族交往与文化融合的复杂性和各种具体的可能性。当我们进入民族发展的文学和文本落差时，这一问题的抽象性和复杂性将得到更高层次的体现。

（3）文学和文本落差：知识考古与文学因缘

如前所述，文明形态和文明阶段，能够反映生产力水平和社会组织水平，反映宗教律法、社会家庭结构、人伦关系，以及与之相适应的文学艺术形式和人类精神文化的走向和样态。问题在于，如何在不同的文明阶段找到与之对应的艺术作品的类型，并论述相关的对应关系。在这方面，传统的汉族文学史研究者缺乏其他民族文学的资料和视野，而单一的少数民族文学史研究者又很难做出概括性的论述和有效的理论总结。因此，我们需要在零散的文学史料和宏观的文化视野的交汇点上做一些适当的衔接，甚至需要借助丰富的想象力来描绘特定文明形态下的文学艺术状况。在这里，我们又一次把文明作为文化的背景变量进行富于因果关系假设的考察。但是，请注意，这里存在着一系列变量依次存在和交互影响的连续体。

> 不难想象，与原始先民的集体无意识和部落氏族观念相一致的，是原始的创世神话、造人神话、洪水神话等神话思维和传说时代的文学艺术作品，

例如阴山岩画，半坡刻符；与采集、狩猎、捕鱼等劳作方式相适应的是原始宗教的自然神论和多灵魂论，比较重视巫术和萨满教的仪式教化和治疗作用，同时存在着说唱文学、动物故事、各种传说等艺术形式；与游牧和迁徙部落战争相适应并以之为内容的就是部落战争与民族迁徙为主题的英雄史诗。由此，不仅从理论认识上解释了极早进入农耕文明定居生活的汉族没有英雄史诗的问题，而且，说明了汉族文学为何神话晚出、残缺不全、不够系统的问题。后者甚至可以从中国古代社会缺少统一的高级宗教并由此对原始神话进行整合和提升，未能进入到单一神论和统一的创世神话的事实中得到部分文明形态与人文因素的解释。（王宏印，2016：55）

汉族以汉字为主要的文本形式来传递和传播汉族文化，许多少数民族在没有文字的情况下（有的甚至没有语言，要借助其他语言），则主要利用口碑形式记录和传递本族文化。这里的文本区别是十分明显的。再往上推，在语言文字产生之前，人类的原始艺术就已经产生了。如果说汉族的原始艺术保留得不是十分完整，那么，少数民族的原始艺术则保留得相对完整和突出。我们不妨以内蒙古地区发现的阴山岩画为例，来说明原始艺术同蒙古族先民生活与信仰之间的关系。这些岩画也折射出我国少数民族与汉族所处的历史阶段与文明形态及宗教信仰之间的不同。

这一人类认识天体现象的普遍规律，可以从阴山岩画中众多的天体岩画得到证实。这类岩画中表现天神崇拜的题材极为普遍，岩画的作者往往将天神置于苍茫的星际或与日月同住，说明这些天神居住在天上，主管大地沧桑……这些天体岩画总是将天神和星星、星座联系在一起，即使是仅有奇形怪状的人面群体而无人形的岩画，也是群星环绕，似乎高高在上，浩茫缥缈，庄严肃穆，令人遐想。由此证实《蒙古神话》中以"七星天"为中心的九十九尊天神以及几千万个"布尔汗"（星神）的说法与岩画创作者的思维多么相似。这些天神岩画产生的时代，据考证为青铜时代至早期的铁器时代，即距今3000年至公元最初几个世纪，大约相当于中原地区的夏商至两汉。这个时期是阴山地区畜牧业出现的历史阶段……（赵永铣，2008：293）

这一段话给了我们多重启示。原始艺术，例如岩画，作为少数民族常见的艺术形式，在中原汉族文明中极为少见，它不仅和不同民族的生态环境有关，而且和文明所处的相对阶段有关，遂与汉族同一时期的书面文学，例如《易经》《诗经》中的古歌形成文学艺术上的巨大落差。北方少数民族的渔猎和游牧文明与汉族两汉时期发达的农业文明，形成文明形态上的显著落差。蒙古族的"天神崇拜"与汉族的"天命观"，也形成显著的落差。

据此，可以大体推想一下汉族和其他兄弟民族在文、史、哲诸领域的异同：

汉族地区涌现出以诸子百家为基础的哲学、伦理学著作，以及儒、释、道思想。少数民族地区也不乏优秀的著作，例如蒙古族的《蒙古秘史》，维吾尔族的《福乐智慧》，以及彝族有关宇宙起源论的著作。

在历史文献领域，汉族史籍以《尚书》《汉书》《史记》等历史著作为主体，以地方志、野史民间传说为补充，形成纵横交错的史料和史学格局。相比之下，在少数民族中，只有蒙古族和满族有官方历史文献，大多数少数民族，或由于历史不长，或由于缺乏语言文字，或由于迁徙或变故，保留的史料不够系统和完备。相当一部分史料，存在于汉语史籍之中。"二十六史"设有少数民族专章，但记录有疏漏和偏差（王宏印，2016）。

在文学艺术领域，这一落差更为明显，也给人更多启发。

兹以少数民族文学史上卷帙浩繁、内容翔实的《蒙古族文学史》（荣苏赫，赵永铣，2000）为例，来说明这一问题（以下是经过笔者重新整理的，简略的目录）：

假若我们头脑中有一本传统的、以汉族文学为主体的中国文学史，那么，从简单的对照中，就可以看出二者的主要区别（王宏印，2016）：

其一，远古的蒙古族文学，内容较多，比较充实（神话传说、萨满教祭词、神歌、祝词、赞词、民歌、民间故事、中短篇史诗、长篇史诗等），而汉语相比之下，神话晚出而零散，祝颂一类诗歌不甚发达。

其二，先秦（诸子散文）至秦汉（汉乐府和汉赋），秦汉至魏（玄学与诗文），晋至唐宋（唐诗、宋词及散文、传奇），这些阶段的文学和文学样式，在蒙古族文学史中基本上是缺失的，这不能不说是一个巨大的损失。

其三，元朝时期蒙古族文学有箴言、训谕诗、叙事诗、祝词、赞词、民歌、佛教文学、汉文创作，汉语文学则以元曲、元杂剧为主要体裁，两个民族的文学开始交汇和交互影响。英雄史诗为汉语文学所缺，佛教文学在蒙古族文学中较为晚出（汉语的佛教文学则在汉唐宋时期），元曲和元杂剧在体裁上则较为新颖，代表了中华文学发展的大趋势。

但有一点需要指出：元朝以后，蒙古族退居漠北，发生百年内讧，歌颂成吉思汗功绩的史传"黄金史"成为主流；明代后期，藏传佛教传入，清代前中期受到鼓励，佛教文学蔚为大观，短篇小说兴起；受藏族史诗影响，《格斯尔可汗传》也在这一时期出现。

到中华人民共和国成立时，蒙古族文学和汉族文学就基本上合拍了。这也许是一个民族文学的归属与归宿问题。也可以说，这预示着蒙古族文学和汉族文学一样，要经历一个现代化的过程，但具体的任务和途径可能不一样。

近世以来，大量汉族典籍被翻译为蒙古文，并引发了批评与诗文创作活动。于是，蒙古族历史上的书面文学兴起。例如，哈斯宝评析满族作家曹雪芹的汉语小说《红楼梦》，古拉兰萨节译《水浒传》《红楼梦》并创作大量诗歌（其中有拟作和仿作），尹湛纳希创作《一层楼》《泣红亭》《青史演义》等白话小说，创立"古尹诗派"。实际上，这一复杂的文学文化现象，已不是单纯的所谓"汉蒙文化相互影响"可以囊括的，它包含了汉、蒙、满、藏多种民族文化和诗文、小说、戏曲等多种文学成分的综合吸收和运用，形成了多元发展、多方汇通的可喜局面。由此，开启了一个中华民族现代文学的全新时代，一个与现代社会的翻译、传播密切相关的时代。

（4）翻译和传播落差：经典的重塑与再经典化

翻译与传播落差，在少数民族和汉族的典籍和文学作品之间也是显而易见的。汉族的文化典籍在世界各主要文化圈里与轴心时代的文化传播同步，汉族的文化典籍较早地成为西方汉学家的关注对象，经过翻译和传播，成为人类文明史文献的一部分，得到了接受和承认。相比之下，少数民族文化典籍的翻译，大多数是较晚才开始的，成规模地传播到国外就更晚一些了，而且，无论就其规模、质量，还是影响来说，都不能和汉族典籍相比。当然，这样说是就一般情况而论的，也有例外的情况。

作为四大文明古国之一，中国的形成和成熟是相当早的。然而，汉代以前，中国人对世界的认识很有限。汉字大概从战国中期开始向国外传播。朝鲜、越南、日本三个国家当时都没有文字，他们借用汉字的时间虽然先后不一，但至少有1 000多年的历史（林文玉，林兴霞，2007）。这样，"汉字文化圈"逐渐形成，在一定程度上，汉字文化圈就是汉文化圈。

与汉字的文化地位相适应，汉语在中国一直是优势语言，而且在国际交往中具有突出地位。事实上，汉语无论在国际事务、日常生活，还是文学创作与翻译中都具有不可替代的作用。

> 中国大陆的汉语人口超过了13亿，其中汉族占90%以上……官话区的人基本上可以用普通话交流。少数民族会官话的也基本会用普通话交流……我们所说的通用语是自然形成的通用语言，通用语可以是官方语言，但不一定必然是官方语言。（陈保亚，2016：70）

历史上，蒙古族和满族都曾把本族语当作官方语言，也就是中华民族的通用语。但事实上，由于汉语有强大的语势（语言潜能），其通用语地位被维系，少数民族官员反而要学习汉语，才能保证正常的语言交流和有效的行政管理职能。若进一步从语系角度来谈论语言的地理分布，便要说明，在中国境内使用最多的是汉藏语系，同时，汉藏语系是世界上使用人口最多的语系。主要分布在中国及周边地区。汉藏语系分为汉语族、壮侗语族、苗瑶语族和藏缅语族等四大语族。使用汉藏语系诸语言的，主要是汉族以及中国的一些少数民族，如藏族、回族、苗族、彝族、壮族等（高永久，2011）。

不可否认，伴随着民族调查和社会变革，中华人民共和国在民族语言和文字的改革方面做出了举世瞩目的贡献，在弥补语言文字落差和文学创作与翻译落差等方面做出的努力和成绩，是历代封建王朝无可比拟的。1959年，我国基本上完成了42种民族语言的综合调查，1960年以后，相关研究项目增加到80多个，这些调查资料最终汇编入《中国少数民族语言简志丛书》。这次调查的目的有三：其一，确定民族识别的群体中有哪些有资格称为真正的"民族"；其二，确定该如何帮助少数民族学习普通话；其三，确定设计新的文字的条件和基础。最终的决定是将拉丁化的拼音体系用作汉语拼音符号，在少数民族语言与普通话中极为相似的音，则尽可能使用汉语拼音方案里相对应的字母来表示。在这个总原则的指导下，调查为壮族、苗族等11个民族创制了文字。尽管这些调查的具体统计数字因资料来源不同而显得不够一致，但一些基本的事实还是可以确定的。

> 在五十五个少数民族中只有蒙古族、藏族、维吾尔族、哈萨克族、柯尔克孜族、乌孜别克族、塔塔尔族、俄罗斯族、傣族、彝族、纳西族、傈僳族、拉祜族、景颇族、苗族（黔西地区）、佤族、锡伯族、满族和朝鲜族等十九个民族有文字，加上通用汉文的回族与畲族，总计二十一个少数民族有文字。其他三十四个民族没有文字。（吴肃民，1995：12）

这样，就可以按照一个民族有无文字来划分其典籍的种类。有的民族没有用文字记载的典籍，我们只能依靠口耳相传来记忆一个民族的文化，称为口碑文献。有的民族有用文字记载的典籍，其典籍与其他民族典籍的区分，主要是看典籍中社会生活方面的内容，是否具有本民族的特征。当然，实际情况并不简单，单是文字记载的典籍本身就有更加复杂的情况：

> 有文字类的古籍包括：1.各种民族文字（包括民族古文字）记载的古籍文献；2.汉文记载的有关民族史料；3.用汉字作记音符号记录民族语言的各种资料。民族古文字是指在漫长的历史发展过程中，不同历史时期，我国少数民族创造并使用过的

各种文字，如：佉卢文、焉耆-龟兹文、于阗文、
回鹘文、察哈台文、西夏文、老藏文、八思巴文、
老彝文、老傣文、东巴文、契丹文、女真文和满文
等。这些文字今天不再使用，它们在历史上都发挥
过作用。用这些民族古文字记录下来的古籍文献，
或多或少都有留存。（吴肃民，1995：15）

  虽然我们用了很长篇幅来讨论汉族和少数民族语言与文字的分布、变迁和
改革，但这是值得的，因为语言文字状况会影响翻译的方向、质量和规模，也
是构成翻译研究的语言文字和文本基础。中国境内的少数民族对汉族文化典籍
的翻译，起源可能较早，但比较零散，不成系统，主要集中在儒家典籍和政府
法令方面，有些只是口译和口传，有些只留存在地方志中。与之相反的翻译方
向，即将少数民族文化典籍翻译成汉语的情况，尤其是有规模和有选择的翻译
活动，则要晚一些。这种情况，记录在汉语所写的历史文献和翻译资料中，例
如马祖毅（2004）编写的《中国翻译简史（五四以前部分）》。这一过程反映了
汉族和少数民族之间的交往、交流、融合关系，以及同化的趋势和方向。

大体说来，从周代开始，就有少数民族语言向
汉语的翻译，而且许多是直接用汉字记音，然后再
翻译成汉语的，例如《越人歌》《白狼王歌》。尤其
是《白狼王歌》，采用四言形式的颂歌体和古典的汉
语诗歌语言，反映了当地少数民族接受汉语同化的
主流局势。（王宏印，2016：62）

  少数民族语言与汉语的关系，以及由此而产生的少数民族典籍与汉族典籍
的相互翻译的关系，集中反映在元代和清代这两个少数民族入主中原，建立王
朝的时代。这里既有官方组织与推介的导向作用，也有民间力量和民俗活动的
作用。蒙古族学者赵永铣先生在其《蒙古族古诗译萃与散论》中，讲述了元朝

时期，宫廷对汉族文化的吸收和对汉语典籍的蒙古文翻译，以及这种翻译对蒙古族文化发展的积极影响。

> 在文学艺术上，也开始出现了互相吸收的因素。如不少蒙古古歌进入宫廷，元曲、杂剧也吸收了一些蒙古语词，《蒙古秘史》也出现了汉语借词的现象。（赵永铣，2008：451）

就翻译方向而言，包括汉译民（"民"指少数民族语言文字），民译汉，还有民译民（例如蒙古族和满族典籍之间的翻译），它们互相补充又各取所需。这种情况不仅发生在元朝及之后的蒙古族文化建设中，也发生在满族建立清朝政权的过程中：

> 清政权建立后，积极经营边疆地区，消除封建割据势力，抵御沙俄的侵犯，强化中央集权统治，这种统一的局面，为国内各民族交往和文化交流创造了有利形势。比如清政府为了各民族书面语言的形成与规范化，组织各民族学者通力合作纂修了如《满蒙辞典》《五体清文鉴》（满、蒙、汉、藏、维吾尔）、《西域同文志》（满、蒙、汉、藏、维吾尔、托忒）这类各种民族文字对照的大辞典。同时在18、19世纪还出版了不少蒙汉语法的书籍。（赵永铣，2008：451）

在多语种、多语言的翻译活动中，围绕本民族语言和本民族文化典籍的建立与完善开展翻译活动，是一条较为普遍的途径。清廷对旧满文进行改革后，大力推行了新满文，以新满文翻译了"四书""五经"等汉族古典文学作品（赵永铣，2008：452）。经历了巨大变革的满族文化，命名时间较晚，似乎也没有形成一种国际性的学科。但随着清宫档案的解密和清史研究的复兴，满汉文化关系问题的研究势必会更加深入，而满族典籍的翻译研究也会有更大的提升空间。

值得一提的是，翻译不是"字对字"的文字活动，而是包含着解释和拟作的创造性行为。例如，蒙古族作家古拉兰萨在节译满族作家曹雪芹的《红楼梦》的过程中，不仅翻译了其中的诗词，而且在翻译中有拟作和创造，体现了蒙古族本身的游牧文化。例如，他根据自己对《好了歌》和《好了歌解》的理解，把"陋室空堂，当年笏满床；衰草枯杨，曾为歌舞场"变化为大漠的广阔天地，把"择膏粱，谁承望流落在烟花巷"变化为蒙古族贵族子弟的悲惨命运——"黄金家族贵公子，逃出朱门沦落烟花巷。"

到此为止，我们不妨尝试着对元朝和清朝的典籍翻译情况进行概要性的总结：

> 从单一型汉语到民语的翻译，到更加具有综合性的民民翻译、民汉翻译……日益扩大和加深加厚的翻译格局；
>
> 从单纯的文本翻译到经过语言和字典的准备，才进行大规模的汉民翻译或多语种并举的翻译活动，体现出日益成熟的综合格局；
>
> 从仅仅是翻译活动到把翻译和创作结合起来，甚至在翻译中注入创造性元素，体现出民族之间文化和文学深层的沟通和文化资源的利用态势。（王宏印，2016：65）

然而事情并没有结束。继续研究《红楼梦》的民译与外译，可以发现一道独特的译介景观。尽管曹雪芹是满族作家，但他是用汉语创作的，《红楼梦》属于汉语文学。因此，对《红楼梦》进行少数民族语言的翻译时（例如蒙古族作家哈斯宝的《新译红楼梦》)，并不会强调作者的少数民族身份。而在外文翻译中，《红楼梦》通常也被当作汉语文学了。继日本人最早翻译《红楼梦》之后，德国汉学家库恩的节译本、（在此节译本基础上翻译的）美国麦克休姐妹的节译本、英国译家霍克思和闵福德的全译本、中国译家杨宪益、戴乃迭夫妇的全译本，都没有强调译者的少数民族身份。也许可以把这种情况看作少数民族文学与汉族文学的合流，以及民译外与汉译外的合流。也许可以把少数民族作家和汉族作家用汉语创作的作品的翻译，统称为"对外翻译文学"。其共同的基础，则是"汉语文学"或"华语文学"。也许还可以把用汉语翻译或改写的少数民族文学作品的翻译也包含在其中。这样，少数民族和汉族作家的文学创作及其对外翻译，就在时间序列和语言媒介上一致了，由此实现文本与文学落差的消亡。然而，在深层的文化观念和文学观念上，少数民族作家和汉族作家仍然会有区别，甚至是明显的区别。

有趣的是，正是在对苗族作家沈从文的小说《边城》进行翻译的过程中，英译者金隄和白英将沈从文和汉族作家鲁迅进行比较，发现沈从文曾在履历表上把自己填成"汉族"，而鲁迅的汉族身份并无特别的文学史意义。他们不仅强调鲁迅对中国现代作家产生的持久的影响，而且着重展示了鲁迅与沈从文创作倾向的区别。例如：鲁迅主要揭示中国国民性的消极面，沈从文则善于描写中国人的善良；鲁迅强调西方文化对中国现代社会与国民性的影响，沈从文则近于忽略这种影响；鲁迅侧重对社会真实状况的揭示，沈从文则侧重对艺术的追求等。明眼人不难看出：沈从文的创作态度与左翼作家立场之间存在巨大差异。倘若从更大的文化和时代背景来看，则沈从文与鲁迅代表了不同的历史观、文化观、文学观。

> 沈从文对人类进程提出的哲学解释，触及到历史行进中伦理主义和历史主义的二律背反，即人类社会的历史进步是以伦理的相对退步为代价的，而人类的理性精神又恰恰要求在新的历史发展阶梯上的伦理主义的复归。"五四"时期，当人们痛感中国面临的生存危机时，不能不张扬历史主义，宣告与传统文化的断裂。在这一过程中，鲁迅成为文化

思想领域内的伟大旗手。然而，鲁迅很快感到了这种彻底断裂的困难和巨大的精神痛苦，又开始表现出对传统文化积极部分的认同。沈从文的思辨恰恰表现为与鲁迅相反的程序。他的创作更多地从伦理主义角度强调了都市"现代文明"畸形发展带来的人的本质的失落与伦理沦丧。但他也同时意识到了传统的伦理与民族的封闭性、保守性不可分。在他对"乡下人"——一个原始民族弱点的反省中，提出了如何组织他们到一个新的竞争中去的问题。无论是从历史主义角度，还是从伦理主义角度感到的精神困扰，都是从不同侧面碰到的贯穿了整个二十世纪的"中国问题"。（凌宇，2010：142-143）

总体来说，我国的少数民族文学和典籍的翻译研究已经有了突破性的发展。但是，我们应当清醒地认识到，对少数民族文学和典籍的翻译，无论是关注、了解，还是研究本身，都不能与汉族文学及典籍的情况相比。在这里，简要地回顾一下近代以来的相关历程是必要的。晚清和民国时期，民族问题和国家问题同等重要，而"五四"以来民间的关注，主要还是集中在对封建礼教的反叛方面。20世纪30年代，少数民族文学和典籍的翻译进入学界视野，其中就有以于道泉为代表的，仓央嘉措情歌的翻译。中华人民共和国成立以后，全国性的少数民族文学整理和翻译活动产生了极大影响，涌现出一批重大成果。例如，《阿诗玛》的整理及对外翻译。改革开放以来，少数民族文学创作和典籍整理、阐释进入新的历史时期，少数民族典籍翻译被重新定位和重点提出，成为翻译学的重要领域。在典籍的整理方面，彝族走在了前列，其成就值得关注。在翻译方面，多次大型会议的召开和多个国家项目的设立为各地少数民族典籍的翻译提供了基础和经验。在理论研究方面，大量少数民族典籍翻译研究类图书的出版，起到了推动作用。一个朝向多元共生的中华民族典籍翻译与互动模式的建设目标正在逐步实现，期望能获得更多的关注、理解和支持。

4. 关于少数民族典籍翻译研究的几点思考

从20世纪80年代开始，少数民族典籍的整理和研究受到各级政府和有关研究机构的重视，经过图书资料部门的努力，取得了显著的成就，我们基本上摸清了少数民族典籍的品种和数量。我们可能有这样一种印象：少数民族典籍和汉族典籍一样，都是上层社会意识形态的产物，或者是一些古老的、深奥的东西，而不是民俗的、民间的、贴近老百姓日常生活的东西。但了解了少数民族典籍的存在形态和收藏方式，我们就会明白，它们是活生生地发挥着某种文化传播功能的东西，像一个个藏于民间的、无所不包的民族文化博物馆。若考虑到中国各少数民族的社会文化状态和语言文字状态相对滞后，以及相关语言文字整理与翻译相对晚出，那么，还有许多问题需要关注。所谓少数民族典籍，自然有各民族自己的资料范围和研究特点，需要一些特殊的考虑。要真正了解、理解、支持、参与少数民族文化典籍的整理与翻译，就不得不考虑诸多方面的问题。其中，有些是指导性的、政策性的，有些则带有个人思考的痕迹。总结起来，有以下七点值得注意：

第一，要考虑少数民族典籍发端和传播时间较晚的事实和特点，典籍选材的时限可以相对宽松，也可以考虑做分级划限，典籍整理和翻译的时间下限可以延迟到1949年，甚至改革开放的新时期。我国汉文典籍通用的时间下限是1911年。由于少数民族典籍文种复杂，各民族历史发展进程不同，时间下限不应局限于1911年，对那些文字产生较晚或没有文字的民族而言，时间下限可定在1949年（包和平等，2004）。当然，这只是一个原则性的说法，具体情况还要具体分析。吴肃民（1995）提出，对维吾尔族来说，典籍的时间下限应止于察哈台文献创作时期，而回族、蒙古族、朝鲜族典籍的时间下限，应当早于1949年，以免混淆古典文献和现代文献。换言之，民族典籍的时间下限应当按照每一个民族自己的古典文献的时间分布情况确定其断代下限。

随着中华民族进入统一的现代社会，少数民族文化及其研究也进入现当代文学的创作与对外翻译、传播领域（例如老舍、沈从文的小说和席慕蓉、吉狄马加的诗歌翻译研究）。虽然该领域与典籍翻译有别，但如果将近代以来少数民族作家的创作（包括使用少数民族语言创作和汉语创作）及翻译（包括民译汉和民译外）与传统意义上的少数民族典籍翻译，均视为少数民族作家和学者对少数民族文化的反思和继承，并与现代文学对外翻译与传播的任务相结合，那么，这种综合性的研究就可以更全面地体现少数民族文化的发展。

第二，要考虑少数民族典籍的口传文学和书面文学的关系，重视其口传文学传统，尤其要重视其活态史诗与长篇叙事诗的传播，以及说唱文学的演唱形式。在书面文学中，则要考虑纸质典籍和非纸质典籍的比例，不能忽视非纸质典籍的资料价值和文物价值，以免形成狭隘的文献概念，甚至造成重要资料的遗漏。

第三，要考虑各少数民族的特殊性，尊重地方性知识、少数民族典籍的分类特点和传统的学科分类方法。在整理和翻译典籍时要尽量照顾个别情况和具体知识，不能强行要求统一，不能在选择与评价标准上搞"一刀切"。在少数民族典籍的分类研究中，要考虑到：由于各少数民族典籍的特点不同，可能存在着不同的分类系统；由于各少数民族典籍分类的背景不同，可能存在着不同的分类原则。例如，藏族典籍的传统分类法有"大五明"和"小五明"，可能和印度梵语文化的影响有关。"大五明"包括因明、工巧明、医方明、声明、内明，"小五明"则包括天文历算、戏剧、文法、修辞和诗学（参见阿华，1994）。笔者认为，尊重少数民族典籍的分类原则，就是尊重少数民族的认识方式和学科分类方法。这不仅是整理、翻译少数民族典籍的敲门砖，而且是深刻认识少数民族历史文化的必要课程，我们不能简单地套用现代图书馆分类法。

第四，要考虑民族关系，打通域内传播渠道。不能只见树木不见森林，或只知其一不知其二，更不能以大而无当的哲学原则进行抽象的推论，来替代扎实可靠的具体研究结论。少数民族典籍的研究通常是分地区、分民族、分专题、分项目进行的，缺乏综合性的大课题和宏观大视野下的研究成果，因此要注意对不同少数民族的资料进行比照，才有可能建立新的逻辑结构和参照系统，形成宏观图景。在综合研究和交互研究中解决少数民族典籍整理及翻译的问题，一种文体才有可能不限于一地一族。例如，"莫日根"（意为好猎手、英雄）在赫哲族的"伊玛堪"说唱艺术中作为主角大量出现，但作为一种普遍使用的称谓，它也在达斡尔族、鄂伦春族和鄂温克族的民歌中大量出现。许多学者在论述中反复强调"莫日根"是出现在他们民族所在地区的文学样式中的，只字不提在其他兄弟民族中也有"莫日根"这种称谓，以及以"莫日根"为主角的文学作品。这就给人一种错觉，似乎"莫日根"只是一部作品、一个地区、一个民族所特有的。虽然在微观上，这种说法本身并不一定是错误的，但在宏观上，这是一个有条件的事实，一个有理论缺陷的提法。鉴于这种现象的普遍性，有必要提醒各民族的研究人员，在立足地方文献和田野调查的基础上，要放开眼光，拓宽学术视野，以便做出准确无误的概括与判断，把"地方性知识"扩大为一种具有广泛联系的文化产品和精神成果。

第五，要考虑少数民族典籍的部分资料流传到国外的情况。有些珍贵的原始版本和译本，可能国外才有或先有，有些研究项目是先从国外兴起的，因此，要注意国外的相关研究成果，及时和国际接轨，不能闭门造车。在研究方法和理论概括上，不能不看国际上的发展动向，或者仅仅在资料上和别人比拼。同时，要十分关注和及时了解国外有关我国少数民族典籍的整理、翻译及收藏情况，实现资料借阅、复印等业务联系。

众所周知，敦煌藏文文献覆盖的内容十分广泛，主要包括吐蕃王朝编年史、历代藏王传记、藏王世系史，以及其他宗教、民族、制度、文学、艺术等方面的内容。但是大批珍贵资料已流传到国外，也有了"敦煌在中国，敦煌学在世界"的说法。经过艰难的交涉，我国有了这些文献的微缩胶片版。重视国外文献的利用和交流，使其服务于少数民族典籍的整理和利用，是至关重要的。有些资料的出版、收集和研究在国外已经形成优势，就更不能忽视了。

国外对蒙古族古籍的搜集整理和研究起步也比较早，对它的研究到20世纪也进入了一个新的时期，各个国家不仅出版了所藏蒙文古籍目录，还把古籍的研究向纵深推进。1958年，苏联出版了《苏联科学院东方学研究所藏蒙文抄本与木刻、地图目录》，收藏量为25 000册，1961年法国出版《蒙文手抄本、木刻本、地图目录》，收藏量为855册。此外，还有丹麦、瑞典、芬兰等国家也都出版了相应的蒙文古籍文献目录。1993年，德国出版了《柏林图书馆吐鲁番蒙文文集》，收藏量为150册。国外对蒙古族重要文献如《蒙古秘史》《卫拉特法典》《格斯尔》等的研究也取得了重要成就并涌现出了一大批研究者。（包和平等，2004：420–421）

第六，丝毫不能忽视翻译和翻译研究的重要性。尤其要注意在扎实研究的基础上发现新的翻译类型，注重理论总结和学科建设的累计性成果，不能躺在史料里过日子。要把国内的研究成果纳入人类文明的总体交流中。不是机械地套用西方理论和既定模式，而是要结合中国的实情和治学传统，有所发现和创造。同时，要注意克服狭隘的民族情绪，让不同时期的发现和研究成果，有效地汇入世界历史和文明史的总体图景中，体现中华民族对世界文化的贡献。

在少数民族典籍研究领域，我们已经做了大量工作。笔者提出了古本复原理论，还提出了异语写作、无本（根）回译、有根回译、有源回译、有条件回译等新的翻译类型，并做了相应的理论总结，但相关研究还在进一步探索中。这里以《玛纳斯》翻译中的"语内转写"为例（梁真惠，2015），来说明新的翻译类型的发现及其扩充性研究是非常重要的。史诗《玛纳斯》曾经在不同的地区流传，涉及不同的语言和文字。中国有柯尔克孜族，吉尔吉斯斯坦有吉尔吉斯族，相应的文字符号分别叫柯尔克孜文和吉尔吉斯文。史诗《玛纳斯》就需要在两种文字符号之间进行转写，否则，这两个民族就无法阅读对方的《玛纳斯》。其实可以把这两种文字符号的《玛纳斯》看作同一个版本的异体排列，或同一种语言的不同版本。事实上，语内转写已经是较为普遍的翻译事实，而且有众多版本来证明（梁真惠，2015）。不仅如此，还要进一步区分语内转写与使用同一套字母来拼写不同语言的情况。此类区分，既是翻译现象的区分，也是语内转写概念的加强。

第七，要认识到国际合作对少数民族典籍翻译研究的重要意义。美国人类学家郝瑞在为《国外学者彝学研究文集》写的序言中讲了三点意见，条理清晰，态度诚恳。笔者认为，我们研究和翻译各种少数民族典籍都可以以此为参考。

第一，在中国学术界与国际学术共同体接轨的过程中，外国学者可以充当桥梁，把彝族和彝学这一端的情况介绍给外国和国际学术界，同时把国外人类学、历史学等另一端的新理论、新方法传送给彝族学者和中国各民族学者。第二，外国学者能够利用各自的语言资源和学术环境，在法语、日语、德语等学术刊物上用最新的理论和观念来讨论彝学问题，这无疑会给彝学研究带来新的气象，注入新鲜的血液。第三，外国学者看彝族社会，是一种"远观"。中国有句成语"旁观者清"。"远观"自有"远观"的长处，可以弥补"近观"或者"自观"的不足和缺陷。我们外国学者希望我们的"远观"会对本民族学者进一步认识彝族历史、了解彝族文化有所裨益和有所帮助。（转引自朱崇先，2008：19）

我们同样希望，这些意见能够对国内各少数民族典籍的研究和翻译有一定的借鉴作用。事实上，吸收外来意见和少数民族典籍翻译走出去，不仅不矛盾，而且是相辅相成的。这也是使中国各少数民族典籍的翻译和研究实现国际化的一个重要方面。少数民族典籍研究需要加强国际合作，因为双边或多边的合作关系可以帮助研究人员在资料和信息上互通有无，在研究方法、研究思路、项目设立和理论总结上互相借鉴，使研究工作取得更快的进展、更好的成果。有的语种和学科领域缺少专家，还可以选送有志于从事古典学、民族学、翻译学研究的年轻学子到国外学习，更好地为祖国的民族文化建设和对外传播工作服务。

5. 结束语

当我们追随历史的脚步，重新审视先贤的足迹时，我们发现，近代以来，先辈们已经走了三大步："五四"以来民间文学的搜集和研究、中华人民共和国成立初期的民族文学整理和翻译，改革开放以来民族典籍的重建与翻译。这不仅要求我们继承前人传统，加强专门化研究，而且要求我们站在国际化和国际中国学的高度，审视问题和形势，发现新的民族典籍翻译和研究课题，力争超越前人，为中华民族的文化事业做出新的贡献。这里，我们不仅重新审视了"五四"传统的成就和偏差，而且深刻理解了中国近代社会的变动轨迹和动力所在。那就是，把研究目光投向基层，不断推进研究的民间化和平民化，寻求真相和真理。

总之，我们要有长远的眼光、博大的胸怀、专业的素养。简言之，中华民族典籍翻译活动有以下特点：专业性，强调新兴专业的兴起和专业化的分工与合作；传承性，重视近代以来的学术基础，强调开拓与发展；国际性，注重国际合作、国际交流，创造良好的国内国际研究环境和发展条件。我们的任务是：调研民族典籍，优选翻译文本，开展批评研究，探讨翻译理论。在这个过程中，我们将逐渐组建相关研究队伍，搭建研究平台，打造翻译精品，形成分工合作的格局，积极稳妥地推出新译作和新的翻译研究成果。

参考文献

- 阿华.藏文典籍的分布及其分编问题[J].中国藏学，1994（2）：135-143.

- 包和平，李晓菲，李杰，等.中国少数民族文献学概论[M].北京：民族出版社，2004.

- 陈保亚.语势：汉语国际化的语言条件——语言接触中的通用语形成过程分析[J].语言战略研究，2016（2）：68-76.

- 陈怀宇.在西方发现陈寅恪[M].北京：北京师范大学出版集团，2013.

- 陈寅恪.柳如是别传[M].北京：生活·读书·新知三联书店，2001.

- 高永久.世界民族综论[M].天津：南开大学出版社，2011.

- 黄仁宇.中国大历史[M].北京：生活·读书·新知三联书店，2007.

- 贾宜.毛泽东的中华民族观[N].中国民族报，2013-12-24.

- 姜伯勤.《柳如是别传》与读书方法[N].中华读书报，2001-4-18.

- 梁真惠.《玛纳斯》翻译传播研究[M].北京：民族出版社，2015.

- 林文玉，林兴霞.图说中外文化交流[M].北京：世界图书出版公司，2007.

- 凌宇.沈从文正传[M].南京：江苏文艺出版社，2010.

- 马祖毅.中国翻译简史（五四以前部分）[M].北京：中国对外翻译出版公司，2004.

- 尼摩.什么是西方？西方文明的五大来源[M].闫雪梅，译.桂林：广西师范大学出版社，2009.

- 荣苏赫，赵永铣.蒙古族文学史[M].呼和浩特：内蒙古人民出版社，2000.

- 王宏印.中华民族典籍翻译研究概论——朝向人类学翻译诗学的努力（上、下卷）[M].大连：大连海事大学出版社，2016.

- 吴肃民.中国少数民族古籍概论[M].天津：天津古籍出版社，1995.

- 云峰.蒙汉文学关系史[M].乌鲁木齐：新疆人民出版社，1997.

- 章太炎.中华民国解[N].民报，1907-7-15.

- 赵永铣.蒙古族古诗译萃与散论[M].呼和浩特：内蒙古教育出版社，2008.

- 朱崇先.彝文古籍整理与研究[M].北京：民族出版社，2008.

- 《壮族简史》编写组.壮族简史[M].北京：民族出版社，2008.

十 典籍翻译：三大阶段，三重境界

——兼论汉语典籍、民族典籍 与国外汉学的总体关系[11]

1. 引言

关于中国文化典籍及其翻译传播的研究，多年来已经有了各自为战的研究成果，但迄今为止，尚未达到一种综合状态或融合视野。我们不仅需要一种贯通的研究思路和科学的分期研究，同时也需要概括中华典籍翻译传播的不同时代特点和不同学科领域，将传统汉学、国学和多民族文化及国际汉学熔于一炉来论述，使其能呈现为一个连续的、流动的历史长廊和典籍翻译的宏大叙事。随着多年翻译实践经验的积累、历史考察兴趣的转移和理论总结的渐次深入，笔者认为中华民族典籍翻译存在三大阶段，或曰三重境界。因为三大阶段所包含的文化精神、传播途径与翻译范式不同，所以显示出学术境界的高低与研究视野的广狭不同，但也表现为前后相继、一脉相承的历史延续。以下分别加以论述。

2. 轴心时代：汉族典籍、圣贤话语

第一阶段是轴心时代。轴心时代是德国现代哲学家雅斯贝斯在《历史的起源与目标》中提出的一个关于人类文明划分阶段的概念。他认为，"公元前

---

11 原载《中国翻译》2017年第5期，19—28页，内容有修改。

800年至公元前200年之间，尤其是公元前500年前后，是人类文明的'轴心时代'"（转引自阿姆斯特朗，2010：前言，2）。这段时间是人类文明的重大突破时期。古希腊的苏格拉底、柏拉图、亚里士多德，中国的老子、庄子、孔子、孟子等思想家相继出现，使这个时期成为一个奠基的时代。这一轴心时代，奠定了人类几大文明各自的基础，但也有一定的统一性和普遍性。轴心有枢纽之意，类似于国学的"得其环中"，如《庄子·齐物论》所说："彼是莫得其偶，谓之道枢。枢始得其环中，以应无穷。"（庄子，2007：32）

传统的国学和文史知识，都将先秦诸子百家作为中华文明的学术起源。从民族学和人类学观点来看，中国的轴心时代实际上就是中原文明肇始期的先秦诸子阶段，是以汉文化为核心和基础的文明阶段。秦汉一统，既是汉文化的形成时期，也是中华民族形成的奠基时期，在文献上可称为汉籍阶段。这一阶段，乃是汉人（尤其是少数圣贤）用汉字书写汉文化的时期，集中体现了本乡本土的伦理观点，其经典文本包括《道德经》《庄子》《论语》《孟子》，以及其他诸子百家的典籍，还有其后历代形成的"二十四史"等历史文化典籍，由此奠定了中华文化多元一体的学术基础和核心价值观，但就学者个人的世界观而言，并未超出汉人的生活方式与思维方式。这种限制，一直延续到明末清初。

这种以少数圣贤为本体的精英文化，以讨论普遍学问为目的，远非现代意义上的学科分类概念。虽然古希腊、古罗马有修辞学、雄辩术、逻辑学，中国有"礼、乐、射、御、书、数"六艺，但这并非现代意义上的科学。这些是古代哲人对世界、人生、社会、伦理、政治的笼统认识，包含着对普遍伦理和普世价值观的探索。格物致知的推求精神归根结底是一种内省法和反思法。而在方法论上的中庸思想，在中国儒家思想的代表人物孔子那里，和在希腊唯实论思想的代表人物亚里士多德那里，也就殊途而同归了。就致思方向而言，梁漱溟先生对中国文化和西方文化的概括，最具有传统国学的典型意义，也显示出囊括世界文明的广阔胸怀。

在形式上，这一时期的书面文字虽然已经形成，但仍然有口头讲经与对话教学的味道，切勿将其完全归于文字学和文献学的范畴。在佛教传播的历史上，佛陀讲经，高僧亲自聆听，然后口耳相传，再经过僧徒们的"集结"，相互订正，记载为佛经文本。相应的翻译过程也不是只有文本没有唱诵的书面翻译，而是唱诵与读经相结合、相印证的复杂翻译过程，即"译场"分工合作的翻译程序。在孔子那里是学生提问、老师回答，经后人记载而成为《论语》，在苏格拉底那里是问答体和反诘法，在柏拉图那里则是有戏剧化情境的《对话录》。到了后来，才有了亚里士多德式的文章（教科书形式的讲义）和荀子式的文章（结构完整、论题确定的散文）。在《孟子》的对话中，回答变得雄辩而冗长，而《庄子》中的寓言、对话、推论并存，形成了复杂的文体（且不说其中的各派学说和精彩对话，使其具有学术史的价值）。因此可知，从典籍一词的辞源意义来论证，典籍就是书面文本，尚未返归对口语原本的认识，未尝不是一种"失本"。

秦汉一统，伴随着民族的形成、国家疆域的扩充与中国文化的广泛传播，中原学问随着汉字和汉文化的传播，由京畿到边疆，由中国到外国，发生了巨大而持久的影响。其传播形式表现为单向传播和波状传播的重叠状，自上而下、自中心向周围的辐射状，如同湖面上的涟漪，一石激起万层波，在传播的同源圈里延宕。前者伴随着汉字和汉语典籍的传播，由内向外延伸，从北方到南方，再到海边。后者由中心向边缘，形成环太平洋儒家文化圈，并逐渐辐射到欧洲，再到北美洲，形成早期汉学。

本阶段的翻译类型奠基于古代语文学时期，具体说来就是中国儒学经典的训诂和注释方法，如文字考据、文本甄别、注释疏解、解经传经等，属于所谓的"小学"。儒家思想本身的发展，大致经历了由原始儒学（孔子、孟子）到汉儒（董仲舒）、宋儒（朱熹）、明儒，再到新儒家思想（杜维明）的过程。他们的文本由较短的语录体发展为长篇大论和皇皇巨著，通过古文今译（白话文翻译，属于国内传播）和古文外译（直接翻译为英文、俄文、法文、德文等在国外传播）产生影响。"大中华文库"就是一个系统的典籍翻译成果。但就选材而论，"大中华文库"汉英对照本以儒家典籍为核心，儒道互补，难以包括庞杂的佛学典籍（《坛经》例外）和儒家文化以外的大量文本，忽视逻辑学、论辩术和传统书画理论文本，缺少少数民族文化典籍，存在一定缺陷。在翻译方法上，古文无注释导致现代汉语翻译文本的随意性，以及今译与外译的脱节，也难以避免外译文本选择的随意性。译本往往难以取舍。究其原因，固然有原本复杂、译本众多、众口难调等实际困难，但缺乏学理的论证与合理的说明，也是一种遗憾。在古典文本的演进过程中，除了国内出版的"大中华文库"以外，尚有国外翻译的大量文本和编辑本，包括古汉语、现代汉语、英语及其他外语文本的翻译等。何为最合适的典籍译本，一直存在争论。

在学科的归属上，这一阶段的学问应当属于西方文明史意义上的古典学（有别于中国的"经学"），其翻译当归属"中国古典学"的扩充范畴，其翻译目的在于重新阐释经典，重新评估这些典籍的价值，并最终推动中国典籍的现代化进程。在历史上，对典籍翻译方法的争论有佛经翻译的"文质"之争和今日的"直译、意译"之争，而翻译标准则有严复的"信、达、雅"，傅雷的"神似"说，以及钱钟书的"化境"说等，这些都属于中国传统译论。这一阶段的理论总结，贯穿于一般中国翻译史，一直延续到近现代及当代一些理论家的翻译理论。在这方面，中国文化典籍翻译研究会作为典籍翻译研究活动的组织者、推动者和研究者，一直在不遗余力地努力工作，其会刊《典籍翻译研究》（*Studies on Translation of Chinese Classics*，原名《典籍英译研究》）则一如既往，定期出版发行，力求有所作为。其研究的范围，从传统的汉籍英译，扩大和延伸到民族典籍翻译，以及国外汉学，力争与传统国学衔接。

3. 扩充时期：中华民族、多元共生、民族典籍、民间话语

第二阶段是扩充时期，这个时期是多民族的中华民族多元一体的形成时期，但在传统史学中，似乎是中华文明以汉族为主改朝换代的代名词。因此，所谓的扩充时期，实际上是被压抑或掩盖了的另一部中国史，属于逐渐发现和形成中的多民族中国史新版。它伴随着历史上反复、多次出现的民族融合与分离、战争与和平，总体上是一个由北向南进行民族迁徙、政治与经济中心不断迁移的复杂而缓慢的过程。作为民族典籍形成的文化基础，这个阶段充分体现了民族生态和地域文化的特点，形成了多元一体的民族定居和文化交融的基本

格局，构成了一个完整的中华诸民族的地理分布概念。

事实上，近世以来中华民族共同体意识的觉醒与世界范围内的民族独立运动不无关系，与西方列强对中国的军事入侵也不无关系。中华民族共同体概念的形成是一个历史积累和长期演变的过程，也伴随着晚清和民国以来关于民族构成的论争。"中华民族"一词，起先主要指汉族，后来演变为包括各兄弟民族在内的统称。这一概念，伴随着中华人民共和国的成立，进入了一个新的历史时期。中华人民共和国以多民族国家的形象屹立于世界民族之林，成为世界上最大的多民族国家之一，面临着促进世界民族团结与人类进步的重大任务。

汉族和55个少数民族的官方认定，无疑奠基于中华人民共和国成立后在全国范围内开展的民族调查和文化复兴运动。对民族关系的正确认识是处理好民族关系的基础。由多元一体民族文化的基本格局，进入民族文化的基本立场（以著名史学家陈寅恪先生的有关论述为理论基础），再由此形成对汉族与其他少数民族的多重关系（包括历史上的民族关系和一般民族文化关系）的概括性认识，是一个十分重要的基础性认识。有鉴于此，笔者提出中国诸民族文化及其典籍翻译的"四大落差"概念，即时间和时代落差、文明和文化落差、文学和文本落差、翻译和传播落差，以此作为一种基本的理论概括，并衍生出一系列新的思想（王宏印，2016；2017a；2017b）。

在人类文明史的演变框架内，依据唯物史观的文化史观原理，一个与特定的文明形态和文明阶段相一致的文化和文学关系的总体概念在笔者的头脑里开始形成。南方农耕民族有神话传说（包括"创世""造人""洪水"等母题）和民歌（如《阿诗玛》）等，北方游牧民族有神话传说、酒歌、战歌、猎歌等。这些民间文学和文化典籍和一定的自然生态环境及生活习俗密切相关，由此既可以解释为何汉族神话晚出且分散不整，缺少史诗形态和远古的原始歌谣（虽然有《诗经》和《易经》古歌，但仍嫌不够），又可以说明为何同一种类型的诗歌和文学作品，在不同的民族那里会有千姿百态的表现方式和重要的细微差异。

在这个意义上，原本的汉学概念早已不能涵盖整个中国的学问了。多元共生的民族关系和民族文化的总体图景，早已冲破了以中原汉族文化为本位的文化典籍格局，而在学理和学科方面，也有了汉族学问以外众多的地方性、地区性的学问和学科，与传统汉学形成互补关系。这是因为：

> 中国是个大概念，西藏、西夏和（内）蒙古自古以来就是中国领土不可分割的一部分，现在国际上正式成为显学的藏学、西夏学、蒙古学、满学等也是属于"所有有关中国的学问"之一的，但他们绝不是"汉学"！以为"汉学"是"所有有关中国的学问"这一"泛汉学"现象和以为"汉学"只是"汉民族之学"这一"大汉学"现象都是要不得的，都是对"汉学"本义的误解。（刘正, 2005：序论, 5）

笔者以为，与其在汉学和国学的概念内涵上发生争议，或者守着狭义汉学和国学的名称不愿放弃，不如将中国学的概念改变并扩展为以汉族文化为基础和核心，包括所有少数民族文化的全称概念。在中华民族总体概念的范围内，在专门讨论少数民族文化典籍的语境内，在不同的民族文化典籍和文学典籍形成期间，我们发现民族典籍实际上经历了三次大的过渡：口头文学向书面文学即定型文本过渡，无名氏或集体创作向个人创作过渡，用本族语创作的民语作品向用汉语创作的汉语作品过渡。而民族文化文学呈现的多样性和复杂性，直接影响到我们对民族典籍及其传播与翻译的认识和掌握。就我们有限的认识而言，其传播形式有三个特点：

（1）原始的文学艺术，尤其是仍然存在着的活态史诗，经过口头传播，表现出流动的基本形态，如藏族和蒙古族史诗《格萨尔王传》，但不排除相对固定的文本形态和印刷作品；

（2）跨境民族和边境民族的文化和文学有可能先在国外产生译本和研究成果，然后再翻译回来，进入国人的研究视野，如维吾尔族诗歌《福乐智慧》；

（3）民族文学文化经典作品可以经过汉语翻译，吸收汉语文学的营养，经过重新整理，再翻译成外文，传播出去，产生国际影响（如叙事长诗《阿诗玛》），甚至通过电影、戏剧和舞蹈作品，产生多媒体传播效果。与之相应，民族典籍的翻译也有多种形式，可以粗略地概括为民译民、民译汉、汉译外和民译外几种类型。

在中国翻译史上，民族文学的传播和交流很早就开始了。以《越人歌》和《白狼王歌》开启先河的民族典籍翻译史，源远流长，在整个中国翻译史上也时隐时现，从未中断。从中不仅可以看出各民族文化融合与语言文字相互影响的因素，而且可以看出少数民族接受汉语同化的主流趋势。不过，形成汉语和民族语言翻译高潮的时间，无疑是在北方少数民族入主中原并获得全国性政权之后。例如，元朝和清朝为了巩固本族统治和多民族国家的长治久安，开展了大规模的、有组织的官方翻译活动。

汉族儒家政治伦理典籍的翻译和佛教等宗教典籍的翻译（例如《大藏经》），与蒙古族文化形成了互补的格局。汉译民也与民译汉互相补充，各取所需。这种情况不仅发生在元代，也发生在清代。

一个不容忽视的事实是，在汉族的儒家典籍被翻译成少数民族语言的同时，也有少数民族作家学习汉语并用汉语创作取得伟大成就的例证。例如，满族作家曹雪芹用汉语创作的《红楼梦》，满族词人纳兰性德用汉语写成的词作等。一些少数民族作家，例如满族作家老舍、苗族作家沈从文、蒙古族诗人席慕蓉、彝族诗人吉狄马加等，用汉语进行文学创作，取得了了不起的成就。

在民族典籍翻译实践的基础上，翻译理论研究也得到了一定程度的重视。其中一个重要的方面，就是少数民族翻译家和翻译理论家对翻译理论的探讨，特别是近现代和当代中国的少数民族作家在翻译理论方面做出了不容忽视的贡献，例如老舍对文学翻译理论的总结。关于少数民族作家与翻译理论家的翻译理论，特别是清代以来的民族翻译理论，则收集在陈福康先生所著的《中国译学理论史稿》一书中。还要一提的是，马祖毅先生的《中国翻译通史》（多卷本）等著作，对少数民族的翻译实践和理论探讨一直有相当多的关注并用大量篇幅进行记载，这是难能可贵的。

毋庸讳言，民族典籍翻译研究和传播研究，总体说来起步较晚，规模和质量也有待扩大和提高。许多作品尚处于无研究和无译本状态。例如，蒙古族学者哈斯宝的《新译红楼梦》，尚无完整的汉语译本，只凭简略的概述无法开展研究，还有不少重要的民族典籍根本没有外文译本。在这一方面，国际合作应当被提到全局和战略的高度来认识。有些民族的文学和文化一直就有国际性，而且在历史上，有些民族文化典籍最早是被国外所关注、所研究、所翻译的，后来才引起国内的关注。因此才有了季羡林先生的断言："敦煌在中国，敦煌学在世界"。

民族典籍的翻译研究源远流长，但大规模的深入研究，则在中华人民共和国成立后，尤其是在改革开放的新时期，更加得到各级政府的重视。到目前为止，我们已经基本确定了民族典籍的分布情况，在一些重大的翻译传播理论上也有所突破。例如，根据蒙古族史传文学《蒙古秘史》原本丢失和民语翻译复原而提出了"古本复原"理论，就维吾尔族诗歌《福乐智慧》的原本和后续版本的复杂情况提出了"再生母本"和"派生文本"概念，就席慕蓉的诗歌创作提出了"拟民间文学"的概念和"有根回译"理论（前者指出现代民族作家用汉语进行的民族题材创作，归根结底并非原创的本土民族文学，而按照民族文学样式对其作品进行的回译，则称为"有根回译"），就《少郎和岱夫》的特殊演唱与翻译形式提出"原本唱诵"和"有源回译"的理论等。虽然这些新概念和新理论还有待完善并需要进一步检验，但它们毕竟是在民族典籍翻译研究领域取得的进展。总的来说，这一领域的翻译理论研究应当还有广阔的天地和辉煌的前景，需要付出艰苦而长期的努力才能有重大的、全局性的突破和深入、细致的理论成果。

4. 外传时期：国外汉学、国学、多极传播、世界主义

第三阶段是中国文化的外传时期，其精神可以概括为世界主义。不言而喻，这个时期也是国外汉学与中国学[12]的建立时期和相互影响的时期。虽然国外汉学

---

12 汉学也称中国学或中国研究，英文译为 Sinology 或 Chinese Studies。

主要包括欧洲汉学和美国的中国学研究，但我们不能忘记，中国对周边世界的影响是最早的和得天独厚的。在陆地上，中国文化从大陆向周围扩散；在海洋上，环太平洋诸国形成汉学文化圈和儒学文化圈（何寅，许光华，2002：342）。与中国东北接壤的俄罗斯位于欧亚大陆，一半在欧洲，一半在亚洲，同时受到两方面的影响。而印度和中国的接触约始于公元一世纪，汉代开始的佛经翻译影响较大，而唐代玄奘西游多年，历经苦难取回佛经并进行翻译，使佛经翻译达到高潮。玄奘口述了《大唐西域记》，还将老子的《道德经》翻译为梵文（详情待考），开中国人典籍外译之先河，值得大书特书。

约13世纪，意大利人马可·波罗游览中国各地，写了《马可·波罗游记》，名扬四海。约16世纪，欧洲各国传教士陆续进入中国，一面传教一面翻译和研究中国经典，著书立说。约18世纪，法国启蒙思想家伏尔泰、卢梭和德国思想家莱布尼茨、歌德，都把眼光投向古代中国，在欧洲兴起了"中国热"。但真正意义上的汉学形成于19世纪，以法国为先锋。法兰西学院决定在欧洲开设汉语讲座，到19世纪后期和20世纪初，欧洲汉学获得了长足发展，涌现了一大批汉学家。美国汉学起步较晚，随着1842年美国东方学会的成立，取得了长足的发展，以"新人文主义"为代表，对东西古典文化持一种平等相待的态度，经吴宓、梁实秋等人传入中国。而后来的美国汉学和中国研究，侧重对现当代中国现实的考证，为其外交策略的制定提供依据。其中，柯文反对费正清的西方中心论观点，提出要从中国自身来看问题，具有一定的进步意义。

国外汉学的经典作品，以文本类型而论，从古至今，是一个逐渐积累的过程，包括了众多文类。（1）游记类。外国人来华，始于两汉，继之以唐，兴于宋元，盛于明清，游记乃成为国外汉学的标志性写作类型，构成第一阶段的主要文本类型，甚至被称为"游记汉学"。它主要包括游记、航海记、出使报告、经商报告、日记、信札、书简、考古报告，如《波斯人信札》《马可·波罗游记》等。（2）传记类。外国人写的有《李鸿章传》《慈禧外纪》《曾国藩传》《左宗棠传》等。中国人用英语写的传记有林语堂的《苏东坡传》、杨宪益的自传《漏船载酒忆当年》等。（3）文学类。古老的文学作品包含了不少和古代哲学、文化相混杂的文论、诗论、词话作品，当代则有刘若愚较为纯粹的英文学

术著作 *Chinese Theories of Literature*（回译为《中国文学理论》）。在文学史方面，有著名学者夏志清的《中国古典小说》和《中国现代小说史》，还有哥伦比亚大学出版的《哥伦比亚中国文学史》等。文学作品选读及注释类作品有哈佛大学的宇文所安的《诺顿中国文学选集》和《中国文论：英译与评论》等。

　　在国外汉学或国际中国学研究蓬勃发展的今天，传统国学欲求复兴，便要经过体制和思想的双重洗礼。例如宋代以降形成的湖湘学派，其千年学府岳麓书院能否进入湖南大学的现代教育体制，还有中国人民大学和南开大学关于国学能否成立为专业的学术论争，都发人深思。欲达此目的，就必须将外来的中国学问与本土的学问合力一处，把两股力量熔铸为一种新的中国学研究。在这个融合的视野里，原本单一的经典文本的单语注释或翻译会显得不够"互文"，"天地人"的博大境界则显得不够踏实。于是，一种综合视野下不乏细节的研究方法，一种放眼天下而又要进入学科和学术史的思路，便解救了文化转向以来"泛文化"的虚妄之学，且符合了古老的儒家格言"致广大而尽精微"的人文精神。也许，当代俄罗斯汉学家李福清的认识，可以给我们某些启示：

　　　　　　　　　　充分掌握已经有的研究成果与表述自己独到的见解是相辅相成的。其实，"文学关系"即"文学交流"研究，必须把自己的阐述不仅放置于"文本细读"的基础上，而且也必须放置于本门学术史总体线索之中，愈是能够把握总体内学术成果的学者，便愈是能够深入地阐述自己的见解。（张冰，2015：161）

　　这样，关于中国的学问，在中国典籍和文化外传的过程中，作家群体不断扩大，形成新的国际学术气象。就语言而言，中国人用汉语、英语、民族语言写作；海外华人用英语和汉语写作或转语写作（如英语和汉语在同一部作品中交替出现）；外国人用本族语或外族语写作（如荷兰汉学家高罗佩用英语和日语写作及翻译）。这种复杂的情况，单纯的国外汉学已经无法容纳和无力概括。

因此，依笔者所见，在理论上，中华文化传到国外又反哺回来，可以归结为两种形式或两个阶段：一是异域创作或异语创作，二是无根回译或无本回译。

所谓异域创作，一般指作者的写作地点不在本国本土，例如侨居地写作和侨居地翻译，二者都不是写作或翻译本土本国的文化内容。所谓异语创作，就是用外语写作本族或本国文化，或者反过来，用本族语写作外国文化，实质上是写作符号的能指和所写内容的所指发生错位，但这种写作仍然保留一定的翻译成分，例如林语堂的英文译作 *Six Chapters of a Floating Life*（《浮生六记》）。外国人用外语或本族语写作，海外华人用双语写作，用自己独特的方式向世界讲述中国故事，传播中华文化。全世界的文学、文化通过这些方式融为一体，这就是在文化传播和交流中形成的世界主义宏伟图景。其中林语堂和高罗佩是典型的例子。林语堂在抗日战争时期，用英语创作了讲述中国故事的 *Moment in Peking*（《京华烟云》），以一种全景式的创作手法，向英语世界展示了抗战中的中国社会画卷，内容涉及政治、经济、哲学、宗教、文学、艺术、民俗等中国文化思想，特别是道家思想。荷兰汉学家高罗佩，在中国任外交官多年，他先用英语节译了清代公案小说《武则天四大奇案》，又以大唐能臣狄仁杰为原型，用英语创作了大量的侦探小说。书籍内容丰富，涉及中国的司法、行政、教育、军事、外交、工商、文化、宗教、社会生活等多个方面，是世界汉学著作中的壮举。

所谓无本回译（原先称为无根回译），是本人根据林语堂的 *Moment in Peking*（《京华烟云》）的汉语回译现象总结出的一种理论，即没有原文书本依据的回译（但文化是其回译和回归之根），它在总体上呈现出文化回归、语言回归、风格回归的趋势，甚或使创作与翻译、归化与异化、不可译命题归于淡化或消解。在这一特殊的汉学发展阶段，作家们和翻译家们采用了语言与文化分离的创作实践方式，以及能指与所指分离的翻译理念，有深刻的理论内涵。他们用独特的写作和翻译活动再现了中国文化及其内在精神。而其汉语回译方式，有的是独立翻译，有的是合作翻译（包括作者与译者的合作形式，以及多位译者合作翻译的方式等），显示出多样化特点和突出的方法论意义。

值得注意的是，随着中外文化的交流逐渐便利和深入，这一时期出现了一批特殊的"边际人"，他们四处旅行，漂泊于海内外之间，以不同的创作和翻译形式吸收欧风美雨，传播中国文化。或者是作者兼译者，如林语堂，"两脚踏东西文化，一心评宇宙文章"；或者是研究者兼学者、译者，如夏志清、夏济安；或者是自作自译者，如张爱玲，一生反复翻译自己的小说《金锁记》。当代台湾作家白先勇，更是受西方现代派思想的影响，其《孽子》和《台北人》的英文翻译，分别采用了美国翻译家葛浩文的独译模式和包括作者白先勇在内的"三华人"模式。究竟哪一种更好，尚待研究后再做结论。

质言之，中国文化外传时期的经典创作和翻译传播有三个典型的特点：

其一，经典衰落，虚构丛生。从古代宗教、哲学典籍、史传文学，转入文学创作时期，在文学作品中融入大量的历史文化因素（如文化散文、历史小说），从而进入文学经典兴盛的时期。近世以来，康有为、梁启超等人的文化论著，逐渐让位于现代文学作品，历史小说从李宝忠的《永昌演义》发展到姚雪垠的《李自成》，古典小说则有《红楼梦》在林语堂的《京华烟云》中获得再生，古典的江湖文化，在金庸《笑傲江湖》等系列武侠小说中重振雄风。凡此种种，或可称为经典的衰落，虚构的兴盛。

其二，多元文化，多语共生。虽然有多元一体文化起源论和传播论，但古代社会总体上依然是等级体制一统天下。现代文明则是多种文化同出现，多种语言齐发声。古典文化被切成碎片，作为文化标本随意展示，新的媒体形式使得一则消息一瞬间就能传遍全国，乃至全世界。经典的神秘感和唯一性受到挑战。

其三，互译互动，多极传播。古代社会，文白分离，教育不能普及，创作遂成为少数人的高雅事业，对大多数民众来说望尘莫及，翻译更是贵族性的职业，是贫寒子弟不可企及的幻想。而在现代社会，创作与翻译都具有平民化、普及化的趋势，已经不是什么神秘的东西，打开网络，人人可一试身手。随着创作与翻译之间的界限逐渐模糊，双语写作和自创自译日见普遍，而翻译的域内和域外、语内和语外之间，只隔着一层薄纸，一捅就透。

5. 结语

中华民族作为多元一体的统一概念，虽然渊源有自，传统深厚，但毕竟具体的民族划分和认同活动、民族文化有意识的整理和传播，乃至国力强大、凝聚力增强，发生于晚近，故需增强民族自信，尤其不可轻言"弱势"。这一研究滞后于事实的基本情况，是我们必须认真面对的，而我们和世界其他一些民族的差距也毋庸讳言。何况民族身份与渊源关系的研究，本来就是一件十分复杂的事情。所以，民族问题要以民族团结为宗旨。超越文化和习俗的差异，谈何容易？要寻求平等相处和交流了解的途径，克服狭隘的民族观念。

在共同发展与文化建设的意义上，文学和文化典籍的翻译是一种有效途径，伴随着地球村里交通和通信的便利，跨文化交流的改善，人类有望进入多元文化共生共荣的良性循环。中华民族不应自诩为东方主义名义下西方人眼中的"他者"，中华民族的文化自信是在"一带一路"倡议的发展目标下的人类共同发展和共同繁荣。沿着这条康庄大道，不断提高我们的交际能力和翻译水平，提高我们的民族素质，才能达到世界大同的超迈境界。初心所在，是所望也。

参考文献

- 阿姆斯特朗.轴心时代[M].孙艳燕，白彦兵，译.海口：海南出版社，2010.

- 何寅，许光华.国外汉学史[M].上海：上海外语教育出版社，2002.

- 刘正.图说汉学史[M].桂林：广西师范大学出版社，2005.

- 王宏印.中国传统译论经典诠释——从道安到傅雷[M].武汉：湖北教育出版社，2003.

- 王宏印.文学翻译批评概论[M].北京：中国人民大学出版社，2009.

- 王宏印.中华民族文化典籍与翻译研究——"四大落差"及思考基点（上）[J].民族翻译，2016(4):5-13.

- 王宏印.中华民族文化典籍与翻译研究——"四大落差"及思考基点（中）[J].民族翻译，2017a(1):11-19.

- 王宏印.中华民族文化典籍与翻译研究——"四大落差"及思考基点（下）[J].民族翻译，2017b(2):5-10.

- 张冰.俄罗斯汉学家李福清研究[M].北京：北京大学出版社，2015.

- 庄子.庄子[M].孙通海，译.北京：中华书局，2007.

图书在版编目（CIP）数据

思偕境·文进时：王宏印学术论文自选集 / 王宏印
著. -- 北京：高等教育出版社，2022.5
（英华学者文库 / 罗选民主编）
ISBN 978-7-04-053745-1

Ⅰ.①思… Ⅱ.①王… Ⅲ.①翻译学－文集 Ⅳ.
①H059-53

中国版本图书馆 CIP 数据核字 (2020) 第 029079 号

SIXIEJING·WENJINSHI
—WANG HONGYIN XUESHU LUNWEN ZIXUANJI

策划编辑	出版发行	高等教育出版社
肖　琼	社　　址	北京市西城区德外大街4号
秦彬彬	邮政编码	100120
	购书热线	010-58581118
责任编辑	咨询电话	400-810-0598
秦彬彬	网　　址	http://www.hep.edu.cn
		http://www.hep.com.cn
封面设计	网上订购	http://www.hepmall.com.cn
王凌波		http://www.hepmall.com
		http://www.hepmall.cn
版式设计		
王凌波	印　　刷	北京中科印刷有限公司
	开　　本	787 mm×1092 mm　1/16
责任校对	印　　张	13.5
艾　斌	字　　数	200千字
	版　　次	2022年5月第1版
责任印制	印　　次	2022年8月第2次印刷
赵义民	定　　价	74.00元